Par Jos. Chardon. Voy. la Dédicace et Quérard

Par Jos. <u>Chardon</u>. Voy. la Dédicace et Quérard

TABLEAU
HISTORIQUE ET POLITIQUE
DE MARSEILLE
ANCIENNE ET MODERNE.

AN 1817.

TABLEAU
HISTORIQUE ET POLITIQUE
DE MARSEILLE
ANCIENNE ET MODERNE,

Ou Guide fidèle du Voyageur et des Négocians dans cette Ville.

Avec une description de ses Monumens et Établissemens publics, etc. etc.; une notice sur le climat, la population, les mœurs et usages des habitans; un aperçu sur son Commerce, ses manufactures, etc; la liste de ses principaux Négocians, les noms de ses Quartiers, Rues, Places, etc. etc.; ouvrage indispensable pour connaître et visiter en peu de tems tout ce qu'offre de curieux à l'étranger la Ville la plus ancienne du Royaume de France.

... *Hæc tantùm alias inter caput extulit Urbes,*
Quantum lenta solent inter viburna cupressi.

VIRG. Buc. Egl. I.

DÉDIÉ à Monsieur LE MARQUIS DE MONTGRAND, Officier de l'Ordre Royal de la Légion d'Honneur, Maire de Marseille.

TROISIÈME ÉDITION, REVUE, CORRIGÉE AVEC SOIN ET AUGMENTÉE D'UN PRÉCIS HISTORIQUE DE TOUS LES ÉVÈNEMENS REMARQUABLES ARRIVÉS DANS CETTE VILLE DEPUIS 1789 JUSQU'AU 25 JUIN 1815.

MARSEILLE,
Au Dépôt de Livres chez CHARDON, Libraire,
la Canebière.

1817.

A MONSIEUR

LE MARQUIS DE MONTGRAND,

OFFICIER DE L'ORDRE ROYAL DE LA LÉGION D'HONNEUR,

MAIRE DE MARSEILLE.

MONSIEUR LE MAIRE,

Vous offrir le TABLEAU HISTORIQUE d'une des premières Villes du Royaume, n'est-ce pas rappeler aux Marseillais ce que votre sagesse fait pour leur félicité? Qui plus que vous a reçu de ce bon peuple des marques éclatantes de sa reconnaissance?

Heureux moi-même, si encouragé par vos bontés, je puis me flatter de faire goûter l'HISTOIRE DE MARSEILLE au Magistrat dont les vues n'ont pour but que son plus grand bonheur ! J'ai cru devoir à vos administrés de la rendre publique et à vos vertus de vous en faire l'hommage.

J'ai l'honneur d'être avec la considération la plus distinguée.

Monsieur le Maire,

Votre très-humble et très-obéissant serviteur,

CHARDON.

PRÉFACE.

L'HISTOIRE de Marseille ancienne a déjà occupé quelques auteurs, et parmi nos concitoyens, il en est peu qui n'aient connaissance des traités qu'ils nous ont laissés ; mais depuis que cette Ville s'est accrue, qu'elle a, pour ainsi dire, changé de face, personne n'en a parlé. Le Marseillais entouré d'Administrations, d'Établissemens, de Monumens, ne les connaît pas toujours. L'étranger cherche, demande des livres qui lui facilitent la connaissance du pays où il est, et il n'en trouve pas. C'est donc rendre service au public que de lui offrir, dans un abrégé, l'exposé fidèle de tout ce qui constitue la Ville de Marseille.

Nous avons cru, en faveur de ceux qui ignorent l'histoire des premiers Marseillais, devoir lier en quelque sorte ces tems reculés aux nôtres, et placer à la tête de notre ouvrage un abrégé historique de l'origine de ce peuple, de ses révolutions, de la forme politique de son gouvernement, de ses relations avec les autres peuples, etc., que nous avons extrait des auteurs les plus accrédités ; et ce précis peut être considéré comme la première partie de notre tableau. La seconde est employée à la description de Marseille moderne. Ses différentes parties sont développées chacune selon le degré d'intérêt, d'utilité, de curiosité qu'elle peut offrir au voyageur : ainsi, nous avons fortement appuyé sur les unes et passé rapidement sur les autres, mais nous n'en avons omis aucune. Notre intention étant que l'étranger puisse connaître et parcourir seul la Ville et ses quartiers, nous avons cherché à lui éviter l'embarras des questions, la peine des recherches, et le conduire comme par la main. Enfin nous n'avons pas cru déparer cet opuscule, en le terminant par quelques réflexions sur les usages, les mœurs, la langue, le caractère des habitans, le climat, les maisons de campagne, etc.

Nous avons différé de publier ce premier essai de notre plume, mais aujourd'hui que les hommes et les choses ont repris leurs vraies formes, que, d'un côté, le Roi imprime à son siècle un caractère de modération et de grandeur, et que, de l'autre, la main de la Religion cicatrise nos plaies, nous sommes moins timides, et nous cherchons à nous rendre utile. Pour parvenir à ce but, loin de tenter de nouvelles routes, nous représentons les objets tels qu'ils nous paraissent, ou que nous pouvons les juger; mais si le public ne se montre pas trop sévère à notre égard, parce que notre talent ne lui en donne pas le droit, nous ne laissons pas de redouter son jugement et de réclamer son indulgence.

ABRÉGÉ
DE L'HISTOIRE
DE MARSEILLE.

C'EST à des Colonies Phocéennes que Marseille doit sa fondation. Ce peuple était d'Ionie dans l'Asie Mineure; la piraterie (*) l'avait attiré dans ce Golfe, la première année de la 45me olympiade, l'an de Rome 154, la 15me du règne de Tarquin, et 600 ans avant l'Ère Chrétienne. Les Phocéens furent les inventeurs d'un genre de vaisseaux à 50 rames. Ils vinrent cotoyer les Gaules jusqu'à l'embouchure du Rhône. La beauté du pays fixa leur attention. Lorsqu'ils furent de retour chez eux, ils racontèrent ce qu'ils avaient vu et engagèrent plusieurs de leurs compatriotes à y conduire une colonie pour soulager la ville de Phocée. C'était l'usage de consulter les Dieux dans les expéditions de cette conséquence, l'oracle leur répondit de recevoir pour chef celui que Diane d'Ephèse leur

(*) C'était alors un titre de gloire.

donnerait. Ils partirent après cette réponse, sous la conduite de Simos et de Protis, et allèrent à Éphèse prendre les ordres de la déesse. Diane se montra en songe à Aristarche, femme extrêmement respectable, et lui ordonna de prendre une de ses statues et de suivre les Phocéens : elle obéit et monta sur les vaisseaux de Simos et de Protis. Avant de s'établir dans ces lieux qui étaient occupés par les Liguriens et les Saliens, ils pensèrent à se mettre sous la protection du peuple le plus voisin; les chefs de cette colonie furent à la cour de Nanus, Roi des Ségoregiens : ils y arrivèrent précisément le jour où, suivant la coutume de ce peuple, la fille du Roi choisissait pour époux, parmi les Seigneurs assemblés, celui à qui elle présentait de l'eau. Les Phocéens furent invités à cette fête; la Princesse jeta les yeux sur Protis et lui présenta la coupe. D'après cette préférence, il ne fut pas difficile aux Phocéens d'obtenir ce qu'ils demandaient. Ils quittèrent la cour de Nanus, suivis de leur nouvelle Princesse, et vinrent jeter les fondemens de Marseille, dans le même endroit où sont aujourd'hui les vieux quartiers sur la hauteur, en face du midi. A peine formée, la nouvelle patrie s'accrut bientôt, vainquit les peuples voisins qui étaient jaloux de sa prospérité, s'allia avec les Romains et les Espagnols, et dut tous ses différens succès à la sagesse de ses lois.

Marseille, c'est le nom qu'elle prit sans doute de *Massalias*, chef de ces pirates grecs, se donna un gouvernement aristocratique. Elle plaça l'autorité entre les mains de quelques habitans vertueux.

Dans la suite on y compta six cents Sénateurs, appelés *Timuques* (*), dont chacun devait être fils de Marseillais et avoir des enfans. On en choisissait quinze pour rendre la justice, dont trois présidaient aux assemblées. Ces quinze Magistrats formaient le Sénat, à proprement parler, c'est-à-dire, l'assemblée ordinaire des Juges, et les six cents formaient le conseil public en qui résidait l'autorité souveraine. Ce conseil était maître de conclure la paix ou la guerre, de nommer des Députés et des Ambassadeurs, de ratifier les traités et les alliances, et d'examiner tout ce qui avait rapport à la Religion et à l'État, laissant aux quinze Sénateurs tirés de son corps, l'exercice de la police et le soin de juger les affaires des particuliers.

(*) Qui est honoré, qui jouit des honneurs.

Les Lois gravées sur des tables, affichées dans les places publiques, ne furent jamais violées impunément. Les Magistrats chargés de leur exécution, étaient les premiers à les observer ; et ceux qui se laissaient corrompre dans leurs charges, étaient sévèrement punis, sans avoir égard à l'âge. Les mœurs se conservèrent long-tems dans leur première simplicité, parce qu'on eut soin d'éloigner tout ce qui les énerve ou les corrompt. Les habitans exerçaient l'hospitalité par principe de religion et d'humanité. Il était beau de voir cette vertu pratiquée dans un tems où les routes étaient peu frayées, les forêts immenses, les habitations isolées, la communication d'une contrée à l'autre difficile, quelquefois impraticable. Les femmes ne pouvaient boire de vin ; les jeux scéniques étaient défendus : chacun devait se livrer à une occupation quelconque, sans qu'aucun motif de religion pût en dispenser. On n'entrait point armé dans la Ville, on quittait les armes à la porte, et on les reprenait en sortant. Autrefois les Marseillais fermaient les portes de la Ville pendant les jours de Fêtes. On croit que cet usage datait de l'époque à laquelle le Roi *Comanus* voulut surprendre la Ville.

Il fut dérangé par une petite fille qui était amoureuse d'un Marseillais, elle découvrit à ce jeune homme le dessein de ce Prince et prévint ainsi la ruine d'une Ville qui devait devenir florissante par son commerce et par ses conquêtes. Attachés à la Religion des Phocéens, les Marseillais sacrifiaient à Diane d'Éphèse (*) des hommes, avec les rites les plus barbares, le père même immolait son fils, et la mère, sa fille; le bois touffu qui servait à la cérémonie, était la montagne de Notre Dame de la Garde. — Régnait-il à Marseille quelque maladie contagieuse? on nourrissait fort délicatement et aux dépens du public, un pauvre qui se dévouait volontairement à la mort pour appaiser la colère des Dieux. On le conduisait ensuite dans les rues, orné de fleurs comme une victime, et chacun le chargeait de malédictions pour faire tomber sur lui seul la vengeance céleste. C'était au milieu de ces cris effrayans qu'il allait à la mort.

Les Marseillais avaient aussi des lois pour régler les affaires de Commerce. Ils connaissaient le Golfe Adriatique, ils avaient même pénétré en Espagne,

(*) C'est sur les ruines du Temple de cette Déesse qu'a été bâtie l'Église de la Major.

au-delà du détroit. Leurs descendans suivirent leur exemple avec d'autant plus d'ardeur, que la situation de Marseille les invitait, les forçait même à le faire. Un port sur la Méditerranée, un terrein aride, des voisins qu'ils méprisaient ou qu'ils craignaient, tout contribuait à fortifier leur goût naturel, en leur faisant envisager le Commerce maritime, comme le seul moyen qu'ils eussent de s'enrichir. Ils en firent donc l'objet essentiel de leur politique; il ne leur restait plus qu'à perfectionner la navigation et découvrir des pays d'où l'on pût tirer des marchandises. Pythéas donna dans sa patrie des leçons de Marine et d'Astronomie : il écrivit sur la différence des climats, la mesure de la terre, le mouvement des étoiles fixes voisines du Pôle, l'obliquité de l'Écliptique et les révolutions des corps célestes. Il connut les causes des Eclipses, le système planétaire, etc. etc. C'est ainsi que les sciences étaient cultivées à Marseille, quand on connaissait à peine en Occident le mouvement du Soleil et les phases de la Lune. Bientôt le Commerce fit des progrès rapides, bientôt les vaisseaux des Marseillais apportèrent de l'Espagne de l'or, de l'argent, du cuivre, du plomb et du fer de ses mines ; souvent ils en revenaient chargés des productions du pays, en sorte qu'on trouvait à Marseille tout ce qui était devenu un objet de Commerce : aucune Ville dans les Gaules n'égalait sa puissance maritime.

Marseille fut supérieure à Athènes par la sagesse de son administration, par les principes constans qu'elle avait adoptés ; on le reconnaît dans la fidélité de son attachement pour Rome, dans un tems où celle-ci, à la veille d'être assiégée par Annibal, n'aspirait pas encore à devenir la Maîtresse du Monde. Elle est la seule Ville de Provence qui ait repoussé Annibal, chef des Carthaginois, lors de son passage par la Gaule Narbonnaise, l'an 215 avant J. C. ; il y perdit trente mille hommes et une grande partie de ses bêtes de charge, ainsi que nous l'apprennent *Polybe* et *Tite-Live*.

On parlait à Marseille la langue latine, sans renoncer pour cela à la langue grecque. Les Romains venaient chercher Athènes à Marseille. Le fameux Agricola y fut élevé. Les Sciences et les Arts y furent portés à un si haut degré de perfection, qu'ils lui mériterent les titres glorieux de Sœur de Rome et de Rivale d'Athènes. Elle fut digne d'être appelée par Ciceron l'Athènes des Gaules, et par Pline, la Maîtresse des Études. Malheureusement le Commerce que cette Ville faisait avec l'Italie, les Grecs et les Africains, fut cause que les mœurs se corrompirent : Marseille oublia ses premières maximes ; sage et laborieuse, elle s'était enrichie par le travail et la frugalité, elle se corrompit par l'abondance. Sous l'Empereur Commode, le caractère efféminé des habitans qui couraient avec ardeur aux spectacles vicieux, aux représentations grossières et licencieuses, montrait assez le déréglement de leurs mœurs. Leur conduite donna lieu à ce proverbe : *Massiliam naviges.* Allez vivre dans la débauche à Marseille.

Ce sont les Marseillais qui ont porté la civilisation dans toute cette partie des Gaules, et qui ont enseigné successivement aux peuples voisins à tailler la vigne, à cultiver l'olivier, et enfin à vivre dans des villes ceintes de murs.

La nouvelle Cité se défendit long-tems contre César qui se présenta pour l'asservir : mais trop faible pour vaincre un ennemi aussi puissant, malgré son magnifique Arsenal que Strabon vante beaucoup, elle se vit forcée de se soumettre aux Romains qui lui firent éprouver toutes les vicissitudes de leur gouvernement, 146 ans avant la venue du Messie. Ce fut ainsi qu'elle tomba de l'état florissant dans lequel elle s'était long-tems maintenue, et qu'après avoir fondé les Villes de Turin, Fréjus (*), Toulon, Nice et autres moins considérables, elle perdit ses lois, sa liberté et le droit d'élire ses Magistrats, après avoir été l'émule et la terreur de Carthage. L'Empire Romain lui-même tomba en décadence, et dès lors elle passa au pouvoir des Goths en 414, puis des Bourguignons qui la ruinèrent et la donnèrent aux Visigoths qui venaient de ravager une grande étendue de pays, et qui voulaient tout conquérir. Les Français levèrent une armée, les battirent, et le Roi Alaric fut tué de la main de Clovis, qui prit possession de Marseille (**). Mais les Lombards parurent, et la position de cette Ville devint alors des plus critiques. Livrée aux fureurs des assiégeans, affligée intérieurement par des dissentions civiles et par la peste, elle avait à se défendre

(*) *Forum Julii*, où l'on a trouvé le trépied d'Apollon, qui lui fut donné par les Marseillais.

(**) Marseille avait alors brisé ses idoles et embrassé le Christianisme, mais il serait difficile d'en marquer l'époque précise.

contre les ennemis du dehors et les trahisons de ses propres habitans. Enfin elle passa sous la puissance des Comtes de Provence ou d'Arles, qui n'étaient d'abord que Gouverneurs, et qui se rendirent ensuite Souverains héréditaires. Et voici en abrégé l'ordre de leur succession :

Boson fut le premier. C'est tout ce qu'on sait de lui. Il paraît qu'il mourut vers le milieu du 10e siècle.

Guillaume I règna en 970, et eut pour successeur son fils Guillaume II, en 992. Celui-ci eut un fils nommé Bertrand qui, jeune encore, succéda à son père en 1018, et la régence de ses états fut donnée à sa mère durant sa minorité.

Geoffroi I son oncle, lui succéda en 1054, et après sa mort arrivée en 1063, Bertrand I son fils eut la souveraineté.

Gilbert I succéda à son cousin Bertrand I, en 1090.

Raimond Berengier I, qui était de la maison des Comtes de Barcelonne, succéda à son beau-frère Gilbert I, par son mariage en 1102, avec Doulce de Provence, fille unique et héritière de Gilbert. Il commença à régner en 1112.

Raimond Berengier II fils du précédent,

régna en 1131. Il eut pour successeur son fils.

Raimond Berengier III, dit le Jeune, qui régna en 1145. Comme il était encore mineur, Raimond Berengier Comte de Provence et Prince d'Arragon son oncle, fut chargé de sa tutelle.

Ildefonse I, Roi d'Arragon, succéda à son cousin Raimond Berengier le Jeune, mort en 1166, au siège de Nice, d'un trait d'Arbalète.

Raimond Berengier IV et Sanche I frères d'Ildefonse, eurent de son vivant la souveraineté de Provence. Le premier se disait *Comte et Marquis, par la grâce de Dieu*, en 1179. Après la mort de Raimond en 1181, Sanche lui succéda. Ce Prince se qualifiait aussi de *Comte et Marquis* de la Provence, dans un acte de donation fait à l'Évêque d'Antibes, mais il n'était pas revêtu de la souveraineté sans restriction ; il ne la tenait qu'à titre d'apanage.

Ildefonse II était fils d'Ildefonse I. La Provence lui échut en partage et il régna en 1196. Il joignit à ses États le Comté de Forcalquier, par son mariage avec Garsende de Sabran.

Marseille était depuis deux siècles gouvernée par des Comtes, lorsque Raimond Berengier V son fils lui succéda en 1209, âgé de 9 ans. Sa mère Garsende et son oncle Pierre Roi d'Arragon eurent soin de ses États pendant sa minorité. C'est sous son règne que les Vicomtes vendirent librement leur droit de souveraineté à la Ville de Marseille, qui devint République une seconde fois, en 1218. Elle en paya le lods au Comte de Provence. Hugues de Baux en revendiqua une partie, à laquelle il renonça peu après, moyennant une somme d'argent que la Ville donna. Dans la suite, le Comte voulut avoir Marseille en propriété, et mit le siège devant la Ville; mais les habitans firent la plus vigoureuse résistance, les femmes même endossèrent la cuirasse, et Marseille resta libre.

La Provence faisait alors partie du Royaume de Bourgogne, dont Rodolphe dernier Roi institua ses héritiers l'Empereur Conrad et Henri III son fils, en sorte que les Comtes de Provence relevaient des Empereurs.

Le Pape Grégoire IX ayant invité les Marseillais à prendre part à l'expédition de la Terre-Sainte, on les vit aussitôt soutenir de leurs troupes et de leur marine le courage des Croisés; mais ce fut moins par zèle, dit l'auteur de l'histoire générale de Provence, que par le désir d'étendre leur commerce. Ils obtinrent de Foulques Roi de Jérusalem, la liberté d'avoir dans cette Ville et autres de sa dépendance, une Église, un four et une rue, où ils pouvaient se gouverner par leurs propres lois. Baudoin III autre Roi de Jérusalem, confirma ces privilèges auxquels il ajouta une exemption des droits dans les pays de sa domination. De là vint le Consulat maritime que Marseille conserve encore dans le Levant.

Peu de tems après (en 1250) le Pape Innocent IV, de retour du Concile de Lyon, passa à Marseille et y fut reçu avec les honneurs dus à son rang.

Berengier mort, sa fille Béatrix recueillit sa succession et fut mariée à Charles I Duc d'Anjou et du Maine, et frère de St. Louis. A son retour de la Terre-Sainte, il entra en Provence et projeta d'assujettir certaines Villes qui vivaient en forme de République, et ne lui devaient en cette qualité que de faibles hommages. Arles fut la première attaquée; elle se défendit d'abord très-vigoureusement, mais enfin elle céda aux armes du vainqueur. Charles menaça Avignon, et Avignon se donna à lui. Marseille lui résista, et ce ne fut qu'après huit mois de guerre

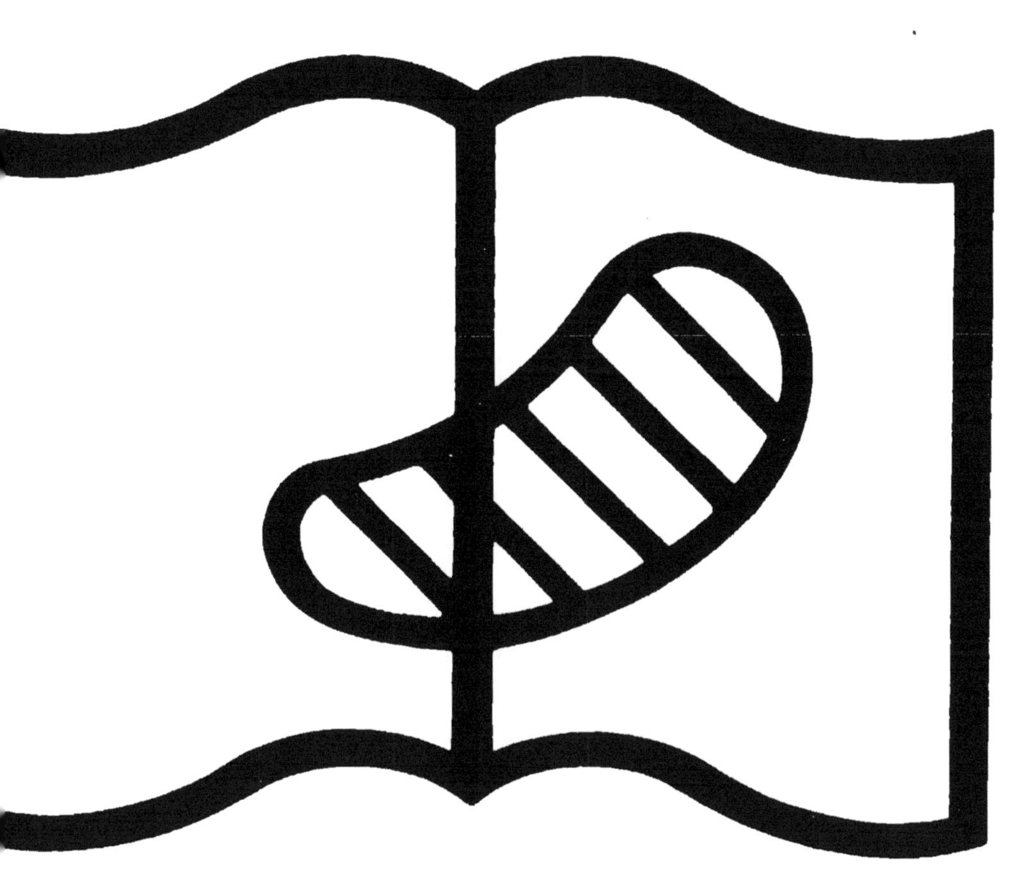

Original illisible

NF Z 43-120-10

qu'elle parla de paix. Les deux traités qu'elle fit avec ce Prince sont fort connus sous le nom de *Chapitres de Paix*. L'un fut conclu en 1252, et l'autre en 1253. Par ces traités solennels, la Ville se soumit volontairement et à titre de donation, aux Comtes de Provence, sous la réserve des articles convenus, qu'on nommait *franchises, libertés, immunités*, dont les Comtes juraient l'observation et que les Rois de France confirmaient.

Marseille conservait encore l'image du gouvernement républicain dans les conditions auxquelles elle se donnait; mais dans le fait elle cessait une seconde fois d'être république. Les principales de ces conditions étaient 1.° que les affaires criminelles seraient jugées à Marseille en dernier ressort par des Magistrats municipaux; 2.° que le juge du Prince connaîtrait par appel des affaires civiles, mais qu'il résiderait dans la Ville; 3.° que le gouvernement appartiendrait tout entier aux Officiers municipaux qui avaient le pouvoir de créer les Notaires, les Chatelains [illegible] ville [illegible] Magistrat; 4.° que la monnaie [illegible] Marseille aurait cours dans la Ville comme auparavant; 5.° que le Comte n'imposerait ni droit, ni subside, ni taille sur les natifs ou habitans ; 6.° qu'il ne pourrait faire bâtir aucune citadelle dans la Ville, ni faire démolir les murailles, etc. etc.

Un nouveau traité conclu cinq ans après fut plus favorable au Comte. Il portait en substance qu'il y aurait à Marseille un Viguier-Gouverneur de la Ville, qui choisirait, tous les ans, six personnes par lesquelles devrait se faire l'élection des Conseillers et des Officiers municipaux : que ce Viguier nommerait les Juges du Palais et les Juges des appellations lesquels seraient étrangers comme le Viguier : qu'il nommerait aussi les Juges, Notaires et autres Officiers de justice qui devraient être pris parmi les Marseillais : que les cent chefs de métier seraient exclus du Conseil de Ville, etc. etc.

Au reste les différens traités passés avec Charles d'Anjou n'étaient consentis que par les habitans de la Ville inférieure ; ceux de la Ville Épiscopale n'avaient pas la liberté de se donner des Magistrats, et dépendaient totalement du Clergé. L'Évêque avait sur cette portion de la Ville les mêmes droits que les Seigneurs laïques sur leurs vassaux. Dans la suite cependant fatigué de lutter contre des vassaux qui entreprenaient de tems à autre de se donner des Consuls et un Podestat, et qui faisaient tous leurs efforts pour se ranger sous le joug des lois municipales, il céda la jurisdiction à Charles d'Anjou, et le gouvernement commença à devenir uniforme dans toute la Ville. Cette Ville Épiscopale ou supérieure dont nous venons de parler, était alors bien peu de chose. Son étendue était longue, si l'on veut, mais fort étroite ; elle commençait à l'endroit de la colline appelée *Roquebarbe*, s'étendait sous l'éminence des moulins à vent, et du côté du nord ; elle renfermait dans son enclos l'Église de la Major et ses environs, et allait aboutir à cette esplanade qui est au-devant de l'Eglise St. Laurent, et que nous nommons *la Tourrette*. Il y avait en effet, avant la construction du fort St.-Jean qui se trouve en face, deux tours sur l'emplacement qu'il occupe, l'une nommée la grande Tour, et l'autre la Tourrette : cette dernière servait de phare pour éclairer les vaisseaux. C'est sur cette place qu'était bâti à côté d'un hôpital, un édifice gothique connu sous le nom de *Château-Babon*. C'était là le Palais des Vicomtes.

Ce fut à Marseille que Charles I s'embarqua pour la conquête du royaume de Naples et de Sicile, après avoir fait équiper 30 galères. Ce fut aussi dans la même Ville que St. Louis fit les seconds préparatifs de son armée navale pour secourir la Terre-Sainte; mais il s'embarqua à Aigues-Mortes, en 1270. Charles se qualifiait alors de Roi de Jérusalem, de Sicile, de Naples, Duc de Pouille, Prince de Capoue, Sénateur de Rome, Comte d'Achaïe, Provence, etc. Les Marseillais s'adonnaient alors entièrement au commerce, ils étaient préférés aux Génois, et ils obtinrent facilement la confirmation de leurs privilèges dans le Levant, et des lettres-patentes à leur avantage.

Charles II, dit le Boiteux, succéda à son père en 1284, et fit, le 2 décembre 1288, son entrée solennelle à Marseille où le peuple le reçut avec des acclamations de joie. Il ratifia et confirma dans le cimetière de l'Église des Accoules, toutes les conventions passées entre la Ville et Charles son père. Il eut un fils qui se distingua par les vertus chrétiennes, et ce fils fut St. Louis Évêque de Toulouse.

En 1307, le Pape Clément V abolit l'ordre des Templiers. Les lettres furent expédiées, le 13 janvier, à Marseille où Charles II se trouvait alors. Ce Roi mourut peu de tems après.

Son troisième fils Robert I, dit le Bon, était à Avignon lorsqu'il apprit la mort de son père. Il lui succéda en 1309, et se dit Roi de Naples ; il fit son entrée à Marseille la même année, et fut descendre à l'Église des Accoules, où, assis sur un trône, il jura et promit d'observer les conventions, *franchises, immunités et privilèges* de la Ville. Marseille, à son tour, prêta serment de fidélité à son Roi en la personne de deux habitans distingués, en présence de plusieurs Évêques. Durant le séjour que Robert fit à Naples, les Marseillais attentifs à se conserver sous la puissance de leur Prince, assemblèrent un Conseil-général composé de l'élite des habitans, et firent des réglemens pour la sûreté de leur Ville. Malgré cette sage précaution, il s'éleva beaucoup de difficultés et même de querelles entre les habitans de la Ville supérieure et ceux de la Ville inférieure. Celle-ci disputait à l'autre le droit de pêche, etc.

En 1343, Jeanne I.re fille de Charles Duc de Calabre, instituée héritière par Robert son aïeul, fut accueillie à son entrée à Marseille, par les acclamations d'une vive joie, et reconnue Reine par une nombreuse députation de la Ville. S'étant retirée à Naples avec son époux

Louis Prince de Tarente, elle accorda de nouveaux privilèges aux Marseillais qui furent dans le cas de réclamer son assistance. Ses malheurs et ses fautes l'ont rendue célèbre. On sait que ce fut cette même Jeanne qui, en 1348, céda Avignon et son territoire à Clément VI et à ses successeurs.

Quelques années après, un Seigneur d'Aubagne, Comte d'Avelin, troublait toute la Provence, exerçant par-tout des actes d'hostilité; mais il fut battu par les Marseillais qui repoussèrent les brigands qu'il avait à sa solde, et son château fut pris et démantelé.

L'an 1376, Grégoire XI se rendit à Rome pour y rétablir le St. Siège qui avait été transféré en France par Clément V, 71 ans auparavant. Il s'embarqua à Marseille dont les habitans le reçurent avec la vénération due au rang du Pontife. Il y resta douze jours, et mourut à Rome bientôt après son arrivée.

Jeanne eut pour successeur, en 1382, Louis I Duc d'Anjou, qui mourut deux ans après. Son fils Louis II fut l'héritier de ses États; pendant sa minorité, la régence fut exercée par sa mère, Marie de Blois.

Louis Duc d'Orléans, frère du Roi

arriva à Marseille en 1406, et chercha par toute sorte de moyens à rendre cette Ville florissante ; il lui accorda une infinité de privilèges. Durant son séjour à l'Abbaye de St. Victor, il rendit plusieurs ordonnances en sa faveur : il permit d'emprunter à 10 pour cent, sans encourir le crime d'usure, déclara les habitans exempts de gabelles et impositions, et confirma les anciens pouvoirs reçus des Comtes d'établir des Consuls dans les lieux maritimes, spécialement à Gênes. De leur côté les Marseillais rendaient alors de grands services à l'Etat. On les vit équiper des galères à leurs frais pour arrêter les courses des pirates et mettre en fuite les corsaires qui ravageaient toute la côte.

Après la mort du Roi à Angers, son fils Louis III lui succéda en 1417, et sa mère Yolande d'Arragon eut la régence pendant sa minorité. Il était encore jeune lorsqu'il s'avança pour prendre Naples avec une armée navale, composée de tout ce que Marseille avait d'hommes courageux et hardis, en sorte qu'il ne fut pas difficile à Alphonse Roi d'Arragon, de se rendre maître de cette Ville restée sans défense. A son retour à Marseille, il se livra, en 1422, un combat sanglant, sur le quai du port, entre les Arragonais et les Marseillais. Ces derniers cédèrent au nombre : l'ennemi, irrité de ce qu'on lui avait lancé des pierres des fenêtres, mit le feu aux maisons voisines du port ; et bientôt la flamme portée par la violence du vent, embrasa une partie de la Ville dont les habitations n'étaient couvertes que de bois. Les habitans en proie aux flammes, confondus dans les ténèbres avec leurs ennemis, ayant à secourir les blessés et à se garder de l'insolence des soldats, se trouvaient dans une horrible position ; pour l'adoucir, les femmes se réunirent dans l'Eglise des Accoules, d'où elles envoyèrent au Roi leurs joyaux en implorant son assistance. Mais ce Prince, généreux par caractère, les refusa et se contenta d'établir une bonne discipline dans son armée. Ce tems de deuil dura trois jours après lesquels il partit pour l'Espagne.

Après le départ d'Alphonse, la Ville fut pillée une seconde fois par les villageois circonvoisins, ennemis déclarés des Marseillais, et resta durant quelques années dans une telle confusion, que chaque jour était marqué par quelque évènement funeste... Charles frère du Roi donna quelques réglemens sur l'administration de la justice, et y rétablit la paix; mais elle ne fut pas de longue durée, et bientôt le peuple se porta à de grands excès.

Enfin Réné I, dit *le Bon Roi*, succéda à son frère Louis III, en 1437. On peut dire qu'il n'oublia rien pour rétablir la tranquillité dans la Ville et lui conserver ses franchises. Il se rendit à Marseille le 15 décembre même année. Assis sur un trône dressé dans la salle du Palais, il jura sur le St. Evangile l'observation des *Chapitres de Paix*, et Marseille était dans une paix profonde lorsqu'il mourut en 1480, âgé de 73 ans, emportant les regrets universels. C'est ce Prince qui institua la Procession d'Aix dont il avait lui-même dressé le plan.

Charles du Maine son neveu prit possession du Comté de Provence, et fit son entrée solennelle à Marseille où il reçut le serment de fidélité. Il ne survécut à son oncle que 17 mois, et mourut dans cette Ville. Son corps fut porté à Aix où il fut inhumé, avec une grande pompe, dans l'Église de St. Sauveur. Par son testament du 10 décembre 1481, il avait institué son héritier Louis XI Roi de France, et avait conservé aux Marseillais tous leurs privilèges. Depuis ce tems, les Rois de France ont possédé les Comtés de Provence, Forcalquier et la Seigneurie de Marseille.

A la mort de Louis XI, Charles VIII son fils unique régna. Les Génois et les Marseillais renouvellèrent leur ancienne alliance qui avait pour objet la continuation de leur commerce. Marseille était alors partagée en six quartiers appelés *Sixains* : ils furent par la suite réduits à quatre. Le grand Sénéchal de Provence fit des réglemens pour l'élection et le conseil des Officiers de police. Les places étaient dévolues aux nobles et aux personnes de condition, parce que l'administration des affaires paraissait devoir être leur partage.

Il est peu de Villes qui aient essuyé autant de changemens que Marseille dans son administration politique : divers réglemens en ont souvent fixé la forme. Les plus fameux que nous connaissons, sont ceux de St. Vallier et du Sort. Les chefs de la Municipalité ont été désignés en divers tems par les différentes dénominations de Syndics, de Consuls et d'Échevins.

En 1507, l'hiver fut si rigoureux que le port fut glacé avec une telle solidité qu'on y passait sans péril, et que le peuple vivait des oiseaux qui tombaient morts en grand nombre, au témoignage de *Ruffi*.

François I.er, à son retour de la Ste.-Baume, en 1516, vint à Marseille avec la Reine Claude son épouse, et y fut reçu avec de grandes démonstrations de joie ; il y séjourna deux jours.

Les habitans ne manquèrent ni de courage ni de fidélité envers leur Prince. Lorsque Charles Duc de Bourbon, Connétable de France se fut révolté, il vint en Provence, en 1524, avec des forces considérables, prit Grasse, Antibes, Fréjus, Draguignan, Hières et Brignolles; il marcha ensuite sur Marseille où 9000 habitans bien résolus et commandés par des capitaines particuliers, étaient disposés à la meilleure défense. Ils avaient placé leur artillerie sur les murailles de la Ville, sur les clochers de la Major, sur la tour de la grande Horloge et sur l'éminence où sont situés les moulins; de là ils portaient des coups mortels aux assiégeans qui se détachèrent bientôt pour aller s'emparer de Toulon et de Cassis. Bourbon néanmoins faisait battre la tour Ste.-Paule, il avait déjà fait brêche à la muraille ; mais voyant qu'il n'avançait rien, il fit cesser le siège le troisieme jour. On vit alors le Roi marcher contre Bourbon et le poursuivre jusques dans le Milanais.

Après le traité qui fut conclu entre la France et l'Espagne, le Roi eut besoin de payer à l'Empereur sa rançon qui était de deux millions, et les Marseillais lui envoyèrent une somme considérable, en offrant de *se saigner jusqu'à la dernière goutte.*

En 1533, le Pape Clément VII arriva à Marseille où François I s'était déjà rendu. Son fils Henri y épousa Catherine de Médicis sa nièce, et à la prière du Roi, le Pontife créa quatre Cardinaux français.

Marseille jouissait de la paix lorsqu'en 1560, les Huguenots y portèrent leur doctrine. Plusieurs d'entr'eux y furent maltraités, les autres se retirèrent. On redoubla de vigilance, on institua des capitaines de quartiers pour veiller à la conservation de la Ville, on continua de faire des réglemens, et la sédition des religionnaires s'appaisa. Charles IX frère de François, fils aîné d'Henri II, fit alors son entrée à Marseille, accompagné de la Reine sa mère, du Duc d'Anjou, d'Henry roi de Navarre, des Cardinaux de Bourbon, de Guise et d'Anne de Montmorenci Connétable de France, et de plusieurs Seigneurs.

Ce tems parut propre aux religionnaires pour opérer une nouvelle sédition ; ils prirent les armes et donnèrent naissance à de grands troubles. Le Roi d'Arragon se vit forcé de rassembler des forces considérables pour les combattre, l'armée royale fut augmentée de 200 hommes tous équipés que fournit la Ville de Marseille. L'action eut lieu, la bataille fut gagnée, et le Prince de Condé leur chef fut défait à Jarnac et perdit la vie.

L'an 1580, la peste fit périr à Marseille 20 mille personnes. Un Consul entreprit de livrer la Ville au pouvoir de la ligue, le coupable fut arrêté et bientôt après exécuté.

Henry III donna à Paris, le 6 octobre 1585, un édit contre les religionnaires qui mettaient le désordre dans tout le Royaume : il fut publié à Marseille. A cette occasion la Provence fut cruellement agitée ; le Baron d'Allemagne prit les armes pour le soutien de la nouvelle opinion ; la France entière se vit en proie aux divisions, aux guerres civiles ; Marseille elle-même s'engagea dans le parti de la ligue, et le Roi n'y fut reconnu que par la minorité. Enfin en 1596, elle rentra sous l'obéissance du Roi qui, par un édit solennel, confirma les privilèges des Comtes de Provence.

La conspiration de Libertat est dans l'histoire de Marseille, une époque trop fameuse pour la passer ici sous silence. Nous sentons bien d'ailleurs que nous devons aux étrangers de fixer leur opinion sur une action que le vulgaire traite d'héroïque, sans prétendre la déterminer autrement, que par l'exposition pure et simple du fait. Telle fut la stupeur des bons Marseillais sous le régime affreux qui vient de s'écouler; tel fut aussi l'état de leur Ville sous le gouvernement des Duumvirs Casaulx et Louis d'Aix. Inquiets, défians, soupçonneux, ils ne pardonnaient rien: ils avaient imprimé la terreur dans le cœur des habitans qui ne reconnaissaient d'autre loi que leur volonté: ils se jouaient de la vie, de la fortune des habitans, et soudoyaient la populace pour écraser les notables et les gens aisés. Ces deux despotes ne respiraient que le sang et le carnage. Pierre Libertat, Corse d'origine, forma le projet de s'en défaire, dans l'espoir qu'il y aurait de la gloire et des récompenses attachées à la destruction de la tyrannie. Casaulx, premier Consul, ne se proposait rien moins que de livrer la Ville à Philippe II. Libertat était Capitaine de la Porte

Royale (*) et pouvait tuer le Consul entre les deux guichets, lorsqu'il passerait selon son usage, pour aller faire *patrouille* hors la Ville. Il ne lui restait plus qu'à *crier* ce mot qui depuis lors a produit tant d'horribles merveilles, ce mot de *Liberté* qui devait soulever le peuple et les forçats des galères d'Espagne, et donner entrée au Duc de Guise, avec lequel tout avait été concerté. Ce Prince, en recevant la Ville sous l'obéissance du Roi, promettait *que Sa Majesté maintiendrait les privilèges de Marseille sans de nouvelles impositions : que Libertat serait Viguier jusques au mois de Mai suivant 1597, et que pendant qu'il serait en charge, il commanderait dans la Ville en l'absence du Gouverneur; qu'on y établirait une Chambre souveraine de justice; qu'on accorderait une amnistie aux partisans de la ligue, excepté à Louis d'Aix, à Casaulx et à leurs adhérens; que Libertat aurait, en récompense de ses services signalés, la somme de 160 mille écus, dont il ferait part à ceux qu'il jugerait à propos; le commandement de la Porte Royale, celui du fort N. D. de la Garde et*

(*) Officier ayant la garde de cette porte, aujourd'hui dite des Fainéans.

de deux galères ; avec augmentation d'appointemens ; une terre de deux mille écus de rente ; la jouissance de ce revenu jusqu'à ce qu'il fût mis en possession de cette terre ; une Abbaye en commande de 1500 écus ; les droits sur l'épicerie et droguerie apportés par des vaisseaux étrangers , etc. etc.

Nous dirons à ce sujet , d'après l'auteur de l'histoire générale de Provence, dont nous avons extrait ce passage , que c'était perdre tout le mérite de l'action que de la mettre à si haut prix , et qu'il est bien rare qu'on agisse par zèle pour la Patrie , lorsqu'on calcule ses intérêts avec autant d'attention.

Le Roi confirma tous ces articles , hors celui du droit sur les épiceries , et les 160 mille écus furent réduits à 50 mille. Le Duc de Guise de son côté avait désigné ceux qui devaient occuper les places. Comme l'exécution de ce grand dessein approchait , ce Prince porta ses forces du côté de Toulon , pour mieux surprendre la Ville de Marseille.

Cependant Libertat était dans la plus grande inquiétude sur l'événement ; son sort était lié à l'entreprise. Il fallait profiter du moment , ou il était perdu. Il ferma donc la porte dont il était le maître, et livra Louis d'Aix à la merci des ennemis. Casaulx fatigué ce jour-là, était resté dans la Ville ; Libertat lui fait dire de venir parce que les ennemis paraissent, et se tient près de la Porte, l'épée à la main, ayant auprès de lui ses frères Antoine et Barthelemi. Casaulx, premier Consul, qui le voit dans cette attitude guerrière, croit qu'il va défendre la Porte contre l'armée française, et s'approche, en lui disant; *Eh bien, Capitaine Pierre, qu'est-ce que tout ceci ? Vous le saurez, Monsieur le Consul, répond Libertat.* Il n'a pas plutôt dit ces mots, qu'il fond sur lui, le renverse d'un coup d'épée, et son frère Barthelemi achève de le tuer (*). Un Sergent des Mousquetaires veut le venger, il a le même sort; le reste des Mousquetaires met bas les armes et demande la vie. Jacques Martin, l'un des Conjurés, placé au corps de garde voisin, y jette l'épouvante au point que le Capitaine, qui le commandait, n'ose plus compter sur le courage de ses soldats, et, apprenant la mort de Casaulx, se rend sur parole qu'il ne lui sera fait aucun mal, à lui, ni à sa troupe. Il avait tiré un coup de canon, qui était

(*) 17 Février 1595.

le signal convenu avec le Duc de Guise, Il n'y avait déjà plus d'ennemis dans la Ville, quand ce Prince y entra au milieu des acclamations, et Libertat (*), l'idole de Marseille, fut regardé comme le libérateur de la Patrie, et porté en triomphe.

Dans l'assemblée générale tenue par les habitans, il fut délibéré qu'on éléverait dans la salle de l'Hôtel-de-Ville, un monument de bronze ou de marbre, pour transmettre à la postérité l'action héroïque de Libertat. Le Roi donna de grands éloges à cet Officier ; il lui accorda des titres de noblesse pour lui et ses deux frères, le fit Viguier de Marseille, le gratifia de cent mille écus, lui donna le commandement de deux galères, celui de la Porte Royale et de N. D. de la Garde ; et le 17 octobre suivant, il accorda aux trois frères une exemption d'impôt que les États tenus en 1597 restreignirent à un feu seulement en faveur de Pierre et de ses descendans mâles, et à un quart de feu pour chacun de ses frères Antoine et Barthelemi, leur vie durant.

Libertat ne jouit pas long-temps de sa

(*) Son nom était Bayon ; il prit son surnom de la Liberté qu'il donna à Marseille.

gloire : il mourut le 11 avril 1597, et fut enseveli avec beaucoup d'appareil dans l'Eglise de l'Observance.

L'année suivante, la peste emporta à Marseille 3 à 4000 habitans.

En 1600, le Roi conclut son mariage avec Marie de Médicis, nièce de Ferdinand Grand-Duc de Toscane; et à cette occasion la Ville de Marseille fit présent au Roi de 12000 fr., accueillit la Reine avec les plus grands honneurs et par des réjouissances qui durèrent plusieurs jours.

Le bon Henri IV mort, son fils Louis XIII lui succéda en 1610. Les Marseillais mirent tout en œuvre pour conserver leur Ville au Roi qui fut reçu à Marseille magnifiquement.

En 1635, l'Espagne s'empara des Isles de Lerins, vis-à-vis la petite Ville de Cannes; pour les ravoir, Marseille donna 6 vaisseaux, deux polacres et deux barques.

Trois ans après, c'est-à-dire en 1638, nâquit Louis XIV. A la nouvelle de ce grand évènement, Marseille fit éclater sa joie par des fêtes et des réjouissances publiques. On fit une Procession générale, et il fut chanté un *Te Deum* en actions de grâces au bruit de toute l'artillerie.

Ce fut Mr. de Mercœur qui posa la

première pierre du fort St. Nicolas, le 11 février 1660. On a vivement critiqué dans ces derniers tems, l'inscription que portait cette pierre ; on sera peut-être bien aise de la trouver ici :

Ne fidelis Massilia, aliquorum motibus concitata, vel audaciorum petulantiâ, vel nimiâ libertatis cupiditate, tandèm rueret ; Ludovicus XIV Gallorum Imperator, optimatûm populique securitate, hâc arce providit,

Rex jussit ;

Cardinalis Mazarinus, pace ad Pyreneos compositâ suasit ;

Ludovicus de Vendôme, Provinciæ gubernator, executus est.

En 1666, on fit bâtir le Fort St. Jean de l'autre côté du port.

L'époque de la construction de ces deux citadelles fut transmise à la postérité par une médaille qui avait d'un côté la tête du Roi, avec cette inscription : *Ludovicus XIV Rex Christianissimus* : et sur le revers, l'embouchure du Port de Marseille fermée d'une chaîne, et les deux citadelles, une de chaque côté de cette entrée. Pour légende : *Massilia arce munita*; dans l'exergue M. DC. LX.

L'arsenal de Marseille était beaucoup trop petit, le Roi le fit agrandir en 1683.

L'année 1720 est à jamais mémorable

par les ravages que la peste fit dans la Provence, et sur-tout à Marseille. Depuis Jules-César jusqu'à nos jours, ce fléau a désolé cette Ville au moins 20 fois. Le 15.e siècle a vu 9 fois la ville de Marseille victime de cette affreuse calamité.

Cette peste, puisque nous sommes comme forcés d'arrêter ici nos lecteurs, fut apportée à Marseille le 25 mai 1720, par un navire parti de Seyde le 31 janvier de la même année. On se sent ému en rappellant ce triste évènement qui accuse trop la négligence des Intendans de la Santé, l'insouciance des Échevins et l'ignorance des Médecins et Chirurgiens de ce tems-là, qui, n'ayant pas eu occasion de traiter cette maladie, n'en distinguaient point les symptômes. On comprend à peine comment le commandant de la Province, l'Intendant et le Parlement abandonnèrent à l'impéritie des Magistrats de Marseille, le soin d'arrêter les progrès du mal.

La maladie commença dans la rue de l'*Escale* (l'Échelle) d'où elle se répandit successivement dans tous les quartiers. Elle enleva en peu de tems beaucoup de monde. Tant de morts inopinées réveillèrent l'attention du Parlement qui rendit un arrêt défendant toute communication entre les habitans de la Province et ceux de Marseille, sous peine de la vie. Mais combien de particuliers sortis de la Ville étaient déjà infectés de ce poison lent et secret! La disette se fit bientôt sentir à Marseille, et le peuple allait se soulever, lorsque l'Intendant eut avec le premier Échevin de cette Ville, une conférence dans laquelle, éloignés l'un de l'autre à une certaine distance, on traita des moyens d'approvisionner Marseille. On résolut d'établir des marchés sur les routes les plus fréquentées, et à deux lieues de la Ville, où les Marseillais iraient acheter les denrées de première nécessité, séparés des vendeurs par une double barrière, ce qui diminua la disette, mais ne donna pas l'abondance. Le venin se développait chaque jour, et dans le mois de Juillet, la majorité des habitans se retira dans les campagnes voisines; il y en eut qui campèrent sous des tentes le long des ruisseaux; d'autres se fixèrent près des remparts, d'autres enfin dans le creux des rochers, dans le fond des cavernes. Les marins rassemblaient leur famille et se tenaient au large dans la rade, serrés dans de petits bateaux. On vit des religieuses quitter leur couvent et chercher dans la fuite, avec leurs parens, un abri contre la peste. Officiers de justice, Directeurs d'hôpitaux, Intendans de santé, Conseillers de Ville, tout disparut. Il ne resta plus que les Curés et Vicaires de paroisse, le Gouverneur-Viguier et les Echevins qui, à l'exemple de Mr. l'Évêque, déployaient un courage héroïque et une charité vraiment chrétienne.

Il serait difficile de porter ces vertus plus loin que M. de Belzunce. A peine la maladie se fut-elle déclarée dans la rue de l'*Escale*, qu'il assembla les Curés et Supérieurs des Communautés. Il n'eut pas de peine à faire passer dans leur cœur le zèle dont il était enflammé lui-même ; il leur donna des règles de conduite dans ces tems de calamité, et on le vit par-tout où le salut de son peuple demanda sa présence. De leur côté les Échevins levèrent un corps de milice et prirent des mesures convenables.

La peste faisait de grands ravages, mais ce fut le 25 août qu'elle se répandit avec le plus de fureur. Au commencement de septembre, il mourait jusqu'à mille personnes par jour. Notre plume se refuse à tracer le tableau déchirant de ces journées malheureuses, où les corps des pestiférés entassés dans les rues servaient de pâture aux vers et aux chiens, depuis qu'il n'y avait plus assez de tombeaux, ni assez de fossoyeurs. Le Mandement rendu à cette occasion par Mr. l'Évêque de Marseille, le 22 octobre de la même année, rappelle toutes ces horreurs.

S'il y eut dans le Chapitre de l'Eglise Cathédrale des Ministres assez faibles pour chercher leur sûreté dans une honteuse fuite, il y eut aussi des Ministres fidèles, dont le zèle et la charité sont au-dessus de tout éloge; et certes le nombre en fut grand. Tous les Curés et les Prêtres des Paroisses, ces Religieux que le *philosophisme de ce dernier siècle* a si peu épargnés, les Capucins et les Récollets semblaient se multiplier dans les quartiers les plus infectés, jusques dans les hôpitaux. Les premiers perdirent 43 Religieux, les seconds 26. Où est donc l'héroïsme plus grand, plus utile que celui de ces martyrs de la charité! Les Observantins, les Augustins Réformés, les Servites, les Grands-Carmes, les Antonins, les Trinitaires, les Carmes Déchaussés, les Minimes, les Oratoriens, les Jésuites enfin, tous ces corps furent des modèles que l'historien ne saurait trop louer. Quant au Prélat respectable qui gouvernait alors l'Eglise de Marseille, sa qualité de premier Pasteur fut à ses yeux un titre de plus pour se dévouer au salut du peuple. Il bravait tous les dangers en parcourant les rues et les places publiques jonchées de morts et des morts traînés par des mourans, par des criminels condamnés à périr. Son Palais était entouré de cadavres, en sorte qu'il ne pouvait plus en sortir sans les fouler aux pieds. *O quels jours de deuil et de larmes pour Marseille !*

Dans le courant de septembre, les Médecins moururent ; il n'en resta que deux.

Enfin la Cour s'occupa sérieusement du sort de Marseille. Bientôt il arriva des Médecins et Chirurgiens de Montpellier, qui ne montrèrent pas tout le désintéressement qu'on attendait d'eux. Ceux qui furent envoyés de Paris rendirent les plus grands services. L'assemblée générale du Clergé ordonna des quêtes dans chaque Diocèse, et les malheurs du peuple parvinrent jusqu'à Rome. Clément XI, qui occupait alors le siège Pontifical, envoya dans une Ville qui s'était long-tems signalée par son zèle pour la religion, 3000 charges de blé, et accompagna ce présent de deux brefs.

Un Rais ou Commandant Tunisien respecta le don du Pape, en laissant librement passer les bâtimens chargés de grains; il répondit au Capitaine du convoi, en mettant sa main sur la tête: *Va, Chrétien, accomplis ta loi, je ne suis plus ton ennemi, Dieu me punirait.*

Vers la fin de septembre, le nombre des morts était réduit à 17 par jour. L'Abbaye de St. Victor fut la seule maison de la Ville qui fut entièrement préservée de la peste. Les Moines séquestrés du reste des hommes, renfermés dans leur château-fort, conservèrent dans l'inquiétude, des jours qu'ils auraient dû marquer par des actes de courage et de bienfaisance.

Le terroir de Marseille commença à ressentir les atteintes du mal qui se manifesta d'abord à Saint-Marcel, puis à Sainte-Marguerite, parce que l'appât du gain attirait en foule les jardiniers à la Ville, et bientôt les lieux circonvoisins furent remplis de morts et de mourans.

A la fin d'octobre, le mal cessa dans la Ville; les habitans commencèrent à paraître dans les rues, mais avec la plus grande circonspection.

Le jour de la Toussaint, M. l'Évêque fit dresser un autel au milieu du Cours;

et sortit de son Palais, nu-pieds, la corde au cou, un flambeau à la main, précédé d'un Clergé infiniment recommandable. Animé d'un zèle vraiment apostolique, il se rendit à cet autel pour implorer la miséricorde du Seigneur sur cette Ville désolée. Le peuple prosterné sur le Cours et dans toutes les rues, fondait en larmes, tandis que ce pontife vénérable offrait à Dieu sa propre vie pour le salut de son peuple.

Le 15 novembre, la colère céleste n'était pas entièrement appaisée, le bon Prélat visita l'Église des Accoules, y exposa le St. Sacrement à l'adoration des fidèles, et l'ayant pris sur la fin du jour, il monta jusques au clocher d'où il donna la bénédiction à toute la Ville, au bruit des cloches et du canon, pour avertir les habitans de prier.

Les ravages de ce fléau furent terribles à la campagne durant le mois de novembre; dans la ville ils diminuèrent en décembre et janvier. La maladie sembla se rallumer au mois de mars; mais bientôt après elle diminua plus sensiblement encore. Le peuple alors ne put plus contenir les transports de son zèle, et fut le jour de Pâques enfoncer les portes des Églises. Mr. l'Évêque sut habilement prévenir les dangers de cette affluence, en faisant dresser au milieu du Cours un autel où il dit la Messe ; les Dimanches suivans, il la dit tantôt dans une place, tantôt dans une autre. Enfin toute alarme cessa au mois de mai 1721, et le calme reparut avec les beaux jours du printems.

Les réglemens actuels, dus au zèle éclairé des Intendans de la Santé de Marseille, doivent nous rassurer sur les retours de la peste en cette Ville.

Marseille avait, avant la contagion qui y commença le 10 juillet 1720, ... 90,000 habitans.

Nombre des morts jusqu'à la fin de la contagion, le 28 mai 1721.	39,134.
La population fut donc réduite à . . .	50,866.

10,148 dans les villages voisins, 13,283 à Toulon, 6,900 à Arles, 7,534 à Aix; en tout environ 78,134.

Bien différente de ces anciennes Villes des Gaules qui ont aussi éprouvé des révolutions, mais qui ont à peine conservé leur nom, Marseille moins dépendante qu'elles de la vicissitude des siècles, sut bientôt se relever de ses ruines. En 1789, elle avait recouvré le même nombre d'habitans qu'elle contenait avant la peste, et son commerce avait atteint le plus haut degré de prospérité. Il était réservé à des raisonneurs prétendus politiques, à une troupe de gens obscurs révoltés contre l'autorité, de vouloir anéantir Marseille, de changer son nom en celui de *Commune sans nom*, d'essayer de combler son port, de raser ses édifices, de s'approprier les grandes fortunes. La main puissante de notre Souverain légitime répare aujourd'hui les maux de la révolution, et Marseille, sous son règne, recouvrera tout ce qu'elle a perdu. Sa situation avantageuse sur la Méditerranée fait toute sa richesse. C'est sur elle que se fonde son industrie depuis plus de deux mille ans, et tant qu'il restera quelque commerce parmi les peuples, cette Ville sera le centre de celui que les Gaules feront avec l'Italie et le Levant.

Sous nos derniers Rois, Marseille avait un Gouverneur particulier, un Lieutenant du Roi; des Gouverneurs, Majors, Aide-Majors et Adjoints; des Aumoniers, des Chirurgiens-Majors dans ses différens forts et châteaux; des Ingénieurs, Inspecteurs, Prévôts, Commissaire des guerres, etc.; plusieurs Tribunaux de justice, une Amirauté, un Tribunal de police, différentes Jurisdictions et Maîtrises; un Collège de Notaires très-ancien; une Municipalité composée d'un Maire, de quatre Échevins et d'un Assesseur, des Capitaines de quartier, des Conseillers de Ville pris dans tous les ordres des habitans, une Chambre de Commerce qui date de 1650; enfin une Compagnie Royale d'Afrique. Il n'est pas nécessaire de dire qu'il existait aussi un Bureau de la Santé.

Elle avait encore une Église Cathédrale et Paroissiale, une Église Abbatiale et plusieurs Collégiales indépendamment d'autres Paroisses, deux Séminaires et plusieurs Congrégations; un grand nombre de Couvens, divers Hôpitaux, etc. etc.; une Académie de Belles-Lettres, Sciences et Arts, une Académie de Peinture, une Académie de Musique; un Collège tenu par les Jésuites, et après eux par les Prêtres de la Congrégation de l'Oratoire; un Observatoire Royal de la Marine, une École d'Hydrographie, une de Mathématiques, de Dessin, d'Architecture civile et militaire; un Collège de Médecine, un Collège de Chirurgie; un Inspecteur de la Librairie et Imprimerie, etc.; un Receveur-général des Finances, un des Domaines du Roi, un des Droits indirects, un Directeur des Gabelles, un Receveur des fermes, etc.; plusieurs Bureaux des Fermes, une Direction des Postes, des Bureaux de Coches, Diligences, Messageries, etc. etc.

Presque tous ces Etablissemens, fruit de l'observation et de l'expérience, ont disparu dans le bouleversement général arrivé les dernières années du 18.e siècle.

Hâtons-nous d'entrer dans notre sujet, en faisant connaître Marseille moderne, après avoir cependant donné une courte notice des Etablissemens religieux, hommes illustres et anciens monumens de notre Patrie.

ÉTABLISSEMENS RELIGIEUX.

Sous le nom d'Établissemens religieux, nous comprenons non-seulement l'Église Cathédrale, les Paroisses et les Couvens que Marseille a eu pendant plusieurs siècles, mais encore les Chapelles particulières, Congrégations, Hôpitaux, Œuvres pies, Bureaux charitables, etc., qu'elle dut à la piété de nos Pères, et dont la suppression a si prodigieusement accru le nombre des malheureux.

On rapporte à St. Lazare l'ancienneté de l'Église de Marseille. Qu'il en ait été ou non le premier Évêque, on ne peut contester que cette Ville n'ait reçu la foi de très-bonne heure. La Cathédrale fut dédiée à ce Saint, ensuite à la Ste. Vierge, sous le titre de *Sainte Marie Majeure*, et bâtie en partie sur le lieu où était situé le Temple de Diane. Mr. du Belloy, Cardinal et Archevêque de Paris, mort le 10 juin 1808, âgé de 98 ans, en a été le 112.e et dernier Évêque. Son Chapitre se composait de 14 Chanoines, d'un certain nombre de Bénéficiers et de Numérotes (*numero octo*), de quelques Ecclésiastiques desservans, de deux Curés bénéficiers, d'un Maître de Chapelle, de huit enfans de chœur, etc. Un Clergé aussi nombreux donnait au Culte divin toute la majesté que pouvait comporter l'usage des Cérémonies, rubriques et livres romains tombés en désuétude dans l'Eglise de France, mais dont l'Évêque de Marseille n'avait pas encore ordonné la supression.

Tous les ans le Prévôt donnait un agneau aux enfans de chœur le Samedi saint, qu'on appelait Agneau Pascal.

L'Église de St. Lazare ou de la *Major* était la première Paroisse.

St. Martin était la seconde depuis

l'an 1000. Elle devint Collégiale en 1536. Avant l'agrandissement de la Ville les murs passaient tout auprès. Les nefs de l'Église ont été construites en des tems postérieurs au reste de l'édifice, mais le portail du côté de la place est moderne. L'édifice coûta 9000 florins. Le clocher commencé en 1536 et achevé en 1620, aux frais de la Communauté, fut bâti avec lenteur et à diverses reprises, comme il est constaté par les archives de l'Hôtel-de-Ville et par les millésimes gravés sur les cordons du côté du couchant. Son Chapitre était composé d'un Prévôt, de huit Chanoines y compris deux Chanoines-Curés et de plusieurs Prêtres affectés à diverses œuvres, outre quatre Vicaires, etc. Cette paroisse était extrêmement peuplée. Il y avait anciennement dans cette Église le tombeau du sieur Pacis, maître-d'hôtel d'un de nos Comtes ; ce Seigneur y était représenté avec les habits et les marques de sa dignité, un bonnet sur la tête comme ceux que les gens du peuple portent de nos jours.

Notre Dame des Accoules. Cette Église, beaucoup plus ancienne que St. Martin, n'a été érigée en Paroisse qu'après elle. Plusieurs auteurs pensent qu'elle avait déjà été un temple dédié à Apollon, ce qui ne paraît pas très-clair. Strabon, dans sa Géographie des Gaules, parle à la vérité du culte que Marseille rendait à cette divinité, mais l'on a toujours ignoré où pouvait être son temple. Les religieuses de St. Sauveur logèrent dans ses bâtimens en 1033. L'Église fut rebâtie en 1203, et St. Vincent-Ferrier, de l'ordre des Frères Prêcheurs, y prêcha le Carême en 1401. Enfin elle devint Collégiale en 1560. Son Chapitre était formé d'un Doyen, de dix Chanoines parmi lesquels le Curé, de six Prêtres du bas-chœur, de plusieurs Vicaires, etc. Le clocher n'était qu'une tour fort ancienne appelée *Sauveterre*, avec d'épaisses murailles qui portaient une grosse cloche dont on se servait pour sonner la retraite et les conseils de Ville. Il fut ensuite élevé en pyramide tel qu'il existe aujourd'hui.

Il y avait dans cette Église un Crucifix très-ancien de manière grecque, de grandeur naturelle et en faïence; il ornait le tableau de la Chapelle de la famille de Vento; Jésus-Christ y était représenté en relief avec les attributs de son Pontificat, la mitre sur la tête: les pieds posés sur un calice, une longue robe de couleur bleue. Le peuple, qui n'était point instruit de cette pieuse allégorie, le nommait le Saint bleu (*lou San blu deis Accoulos*) ; il avait pour cette figure une grande vénération.

St. Laurent prieuré et quatrième Paroisse. Son Église située près de l'édifice construit par Jules César, *Castellum Julii*, est fort ancienne. Elle avait un Prieur-Curé, trois Vicaires, sept Chapelains et un Sacristain.

St. Ferréol cinquième Paroisse, avait un Curé, quatre Vicaires et sept Prêtres desservans. Cette Église était dans le principe hors de la Ville ; les guerres civiles l'ayant détruite en 1590, elle fut transportée en différens endroits ; enfin, en 1716, et le premier juillet, Mr. de Belzunce bénit la première pierre de cet édifice sacré situé en face de la belle rue St.-Ferréol, et qui a été rasé par les Vandales du 18.e siècle.

St. Victor (1) Église Abbatiale et Collégiale, avait un Chapitre noble composé d'un Abbé et de dix-neuf Chanoines, outre cela, plus de vingt Prêtres desservans et huit enfans de chœur. Nous en parlerons comme monument.

---

(1) Toutes les notes relatives à cette Histoire sont classées à la fin du volume par ordre numérique, et celles concernant la Révolution, le sont par ordre alphabétique.

Notre Dame du Mont était une Église Prieurale gouvernée par un Prieur et deux Prêtres desservans. Son ancienneté date des premiers tems.

Séminaires. Il y avait à Marseille plusieurs de ces établissemens si importans pour la Religion. Madame la Duchesse d'Aiguillon Marie de Vignerot y fonda, en 1643, la maison des Prêtres de la Congrégation de St. Vincent de Paule, nommés de la *Mission de France.* Ils furent reçus en 1648. La première pierre de leur Église fut bénie en 1667, et en 1673, la direction du Séminaire leur fut confiée. Des lettres-patentes données à Versailles les avaient déjà autorisés en septembre 1672. Cette maison était appelée le Grand Séminaire.

Le petit appelé aussi du *Sacré-Cœur*, dut sa création à la piété et au zèle du Saint Évêque de Marseille. Quelques Prêtres associés en 1729, instruisaient des jeunes gens qu'ils destinaient aux missions. Mr. de Belzunce voyant que le nombre croissait tous les jours, leur assigna la Chapelle du Bon Pasteur. Ce local fut encore trop petit. Enfin les libéralités de quelques Ecclésiastiques et de divers particuliers permirent d'entreprendre de bâtir une nouvelle Église qui fut consacrée le 23 octobre

1738. Ce n'était encore qu'une Communauté ; en 1747, l'Evêque l'érigea en Séminaire, sous le titre du *Sacré-Cœur*. De l'un et de l'autre sont sortis des hommes d'un mérite consommé.

St. Homobon était une Congrégation de Prêtres du St. Sacrement, dont le but consistait à rendre tout le culte possible à J. C. présent sur l'autel, et à faire des missions. Elle datait de 1637. Leur Église était à l'emplacement qu'occupe en ce moment au haut du Cours la maison de l'*Auberge neuve*, au coin de la rue Dauphine.

L'Oratoire. C'est dans la rue de ce nom qu'existait cette Congrégation célèbre. Les Oratoriens vinrent à Marseille en 1620, et en 1657, Etienne Du Puget, alors Évêque, bénit solennellement la première pierre de leur Église. L'inscription qui commençait par ces mots : *Æternitati Sacrum, etc.*, était un beau morceau en style lapidaire. Il y avait attenant à leur maison, un Collège dont ces Pères avaient la direction. Les Marseillais leur avaient accordé toute leur confiance, et l'expérience a fait voir combien ils l'ont justifiée.

Notre Dame de la Garde. Un des Prêtres du bas-chœur de St. Victor faisait le service de la Chapelle de ce nom, bâtie en 1218, rebâtie en 1477, et renfermée dans la forteresse que fit élever François I.er, en 1525. L'Évêque de Troyes la benit en 1544. On y voyait avant notre révolution, une statue de la Ste. Vierge en argent d'un très-grand prix, et le concours des fidèles, et sur-tout des marins, y était prodigieux.

Samedi 4 avril 1807, la Chapelle a été rendue à l'exercice du culte. Mr. Jaubert, Recteur de la Succursale de Ste. Marie Majeure, ci-devant Cathédrale, en a fait, avec solennité, l'ouverture, par ordre supérieur.

Comme l'état des Congrégations, Églises, Chapelles, Monastères, Confrairies, Hôpitaux et autres maisons de charité qui ont subsisté à Marseille, formerait seul un gros volume, nous ne devons parler que des plus connus.

La Chapelle de *St. Victor* était située à la Grand'Rue. On pense que l'Officier Victor, après avoir été cruellement tourmenté, reçut dans cet endroit-là même, la couronne du martyre. Le temple de Minerve se trouvait à la rue des Consuls qui en est près. Le Saint y fut conduit et refusa, comme on sait, de sacrifier aux idoles.

Celle de *Ste. Magdelaine*. Elle était à la place des Treize Cantons, près de l'Église Cathédrale. On croit communément à Marseille, que Lazare fit sur cette place sa première prédication, vis-à-vis le temple de Diane, et que ce fut en mémoire de cet évènement, que la Chapelle fut construite. Elle a été démolie en 1781, parce qu'elle obstruait la voie publique.

Celle de *Ste. Barbe* dans la rue de ce nom, fut bâtie en 1644, par des canonniers, fondeurs et salpêtriers.

Celle de *St. Roch* à la rue Sainte. On y catéchisait les enfans de la Paroisse de St. Ferréol.

Il y avait à Marseille une vingtaine de Confrairies de Pénitens, ayant chacune sa Chapelle. Elles étaient destinées à exercer des œuvres de charité, à ensevelir les morts, etc. Depuis l'arrivée de Louis XVIII, plusieurs de ces Confrairies ont été rétablies pour les mêmes œuvres.

Hôpital du St. Esprit ou Hôtel-Dieu. Cette maison fut fondée en 1188. On y avait réuni plusieurs hôpitaux, lorsqu'elle fut rebâtie en 1771, avec plus d'étendue. Elle est sur une élévation par-dessus le Palais.

Hôpital-général de la Charité. Il date de 1640, et reçoit, depuis cette époque, les pauvres des deux sexes. Le Roi s'en déclara le protecteur en 1689.

Hôpital-général de la Miséricorde. L'œuvre consistait à faire l'aumône et à soulager les familles honteuses. Elle faisait des pensions aux personnes hors d'état de pouvoir subvenir à l'entretien de leur famille.

Hôpital-général des Enfans abandonnés, institué en 1672. C'était la retraite des pauvres enfans qui vont durant le jour travailler dans la Ville. On leur donnait un lit et la soupe tous les soirs; on les instruisait des devoirs de la Religion. A l'âge de 15 ans, après deux ans de résidence, on les mettait en apprentissage pour tel métier mécanique qui était de leur goût : l'Hôpital payait tous les frais et fournissait les outils nécessaires. En 1744, un Ecclésiastique joignit à ces pieuses fonctions une institution nouvelle; elle consistait à recevoir les orphelins de l'un et de l'autre sexe, depuis l'âge de trois ans, époque à laquelle l'Hôpital de la Miséricorde ne fournissait plus à leur nourriture, jusqu'à celui de 7 ans que l'Hôpital de la Charité les recevait. Cette maison est située place de Linche; c'est l'Hôtel où logea Louis XIV (*), quand il vint à Marseille en 1660. L'inscription qu'on lit au-dessus de la principale porte, tirée du ps. 26, *Pater meus et Mater mea dereliquerunt me, Dominus autem assumpsit me*, ne pouvait être plus analogue à l'œuvre.

Maison des Filles grises. C'était une fondation de la Communauté des Patrons-Pêcheurs de Marseille, de 1576. On y entretenait un certain nombre de filles orphelines auxquelles on apprenait à travailler, et qu'on établissait ensuite aux dépens de l'œuvre.

Hôpital St. Lazare. Il fut établi en 1592, dans le faubourg de ce nom, et destiné à renfermer les fous.

La Maison des *Filles Orphelines*, les Hôpitaux des *Incurables*, du *Refuge*, des *Repenties*, de *St. Jacques des Épées*, de *St. Eutrope*, de la *Providence*; les Bureaux des *Pauvres Prisonniers*, de la *Rédemption des Esclaves natifs*

(*) Ce fut dans cette circonstance mémorable que Monsieur Fortia de Pilles, Gouverneur-Viguier de Marseille, etc., suivi d'un nombreux Cortège, présenta à Louis-le-Grand les deux clefs d'or de la Ville, comme le symbole de sa fidélité inaltérable, et qu'il reçut de Sa Majesté cette réponse flatteuse et honorable : *Gardez-les, Pilles, vous les gardez fort bien, je vous les donne.* Cette place s'est conservée dans sa famille pendant six générations consécutives, jusqu'à la révolution.

de Marseille, de la *Propagande*, étaient autant d'établissemens de charité dus à la piété des Marseillais.

Mont-de-Piété. Cet établissement fut fondé en 1695, par un Marseillais appelé *Jean du Puget*.

Hôpital du Sauveur. Ce fut encore un Marseillais, Mr. Aubert, Docteur en Médecine, qui fonda cette maison de charité, où l'on recevait les pauvres infortunés attaqués de maladies cancereuses ou scorbutiques, qu'on refusait aux autres hôpitaux.

Chaque Paroisse de la Ville avait son œuvre de la *Petite Miséricorde*. Indépendamment de ces secours, le peuple en trouvait encore dans les couvens.

Les Grands-Trinitaires, ordre fondé par Jean de Matha né dans la vallée de Barcelonnette, composé de deux corps, le *Grands-Trinitaires* et les *Trinitaires déchaussés*. Les premiers eurent une maison à Marseille, en 1202, que l'on croit avoir été la première de l'ordre; les autres ne s'y établirent qu'en 1651, et logeaient dans la rue de la Palud. En 1773, ils furent réunis sous le même régime et sous le même nom de Chanoines réguliers de la Sainte Trinité, ou Mathurins, du nom de l'Église de

St. Mathurin, que leur avait accordé le Chapitre de Paris.

Cette Église, qui avait été détruite pendant la révolution, en 1793, a été reconstruite, en 1808, par les soins de Mr. Champion-de-Cicé, Archevêque d'Aix et d'Arles, et par les libéralités des fidèles; en 1809, elle a été érigée en Succursale pour ce quartier, qui n'avait point d'Église.

L'Ordre de Malte ou des Chevaliers de St. Jean de Jérusalem. Le bienheureux Gerard-Tung du Martigues, d'autres disent d'Amalfi en Italie, fut, en 1100, l'Instituteur et le premier Grand-Maître de l'ordre des Frères Hospitaliers de St. Jean de Jérusalem, connus sous le nom de *Chevaliers de Malte*. Ces Religieux eurent d'abord leur couvent sur le bord de la mer, quelque tems après il fut renfermé dans le Fort St. Jean qui en a pris le nom. En 1307, lors de la destruction des Templiers, Charles II, se trouvant à Marseille, donna leurs immeubles à ces Chevaliers hospitaliers.

L'Ordre de St. Antoine, dont le chef-lieu se trouvait en Dauphiné, fut fondé par un gentilhomme de cette Province, à son retour de la Terre-Sainte. Ces Pères eurent dans cette Ville une maison bien avant l'an 1180. Ils y étaient occupés à soulager les personnes affligées du mal qui régnait alors, appelé *le Feu de St. Antoine.* Le titre de Chanoines réguliers et la règle de St. Augustin leur furent donnés par Grégoire XV.

Les Pères Dominicains eurent, en 1224, une Eglise et une maison dans le faubourg de la Porte Royale ; ils s'établirent ensuite dans l'ancien jeu de mail, entre les rues de St. Ferréol et de Rome. En 1300, le Chapitre-général de l'Ordre se tint dans ce Couvent qui fut démoli en 1524, pour mettre la Ville en état de défense contre Charles de Bourbon. Dès la même année, ils obtinrent des Consuls de Marseille de faire élever le Monastère qui est occupé aujourd'hui par la Gendarmerie, et l'Eglise qui lui est contiguë. Barthélemi Camelin, Évêque de Fréjus, en fit la consécration en 1528. Long-tems après on fit la façade qui est digne de remarque. (*a*)

Les Dominicains tenaient une École de Théologie.

Les Grands-Augustins. Le Couvent de ces Pères fut construit en 1258, dans le faubourg St.-Pierre, aujourd'hui rue d'Aubagne ; mais en 1361, les brigands (il y en a eu dans tous les siècles) qui ravagaient la Province, n'épargnaient pas les Églises ; ils démolirent celle-ci. Les Religieux se retirèrent dans la Ville et occupèrent une petite maison voisine d'une Église qui avait appartenu aux Templiers, et qui dépendait pour lors des Chevaliers de St.-Jean de Jérusalem. Ils furent mis en possession de l'Église du Temple, l'an 1363, en suite d'une bulle du Pape donnée à Avignon. On bâtit ensuite le Couvent, mais si lentement, qu'en 1469, il n'était pas encore fini. L'Église fut consacrée en 1542, n'étant encore couverte qu'en bois ; ce ne fut qu'en 1588 qu'elle fut mise sous voute.

Les Augustins Réformés. Leur établissement dans Marseille date de 1605. Ils obtinrent la permission de bâtir leur Couvent à l'entrée de la Ville, et ils l'occupèrent dès l'an 1613. Leur Église domine encore la belle promenade des *Allées*, mais leur Couvent n'existe plus.

Les Grands-Carmes. Les persécutions ayant obligé les Carmes de quitter leur Monastère de la Terre-Sainte, plusieurs vinrent s'établir en Europe. Il y en eut qui se fixèrent dans le voisinage de Marseille, vers l'an 1244, et bâtirent aux *Aygalades* un Couvent qui n'était pas encore achevé en 1265. La Chapelle qu'ils avaient élevée s'écroula en 1602, ce qui les mit dans le cas de se retirer dans la Ville où ils se logèrent près des remparts sur une élévation. Leur Église est restée intacte. (*b*)

Les Carmès Déchaussés parurent à Marseille au commencement du dix-septième siècle, mais les Officiers Municipaux ne voulurent point les recevoir, et obtinrent à cet effet un Arrêt du Parlement qui défendait aux habitans de les loger. Deux ans après, ces Pères vinrent prêcher le Carême à Marseille, et furent reçus par les Chanoines réguliers de St. Antoine, qui furent obligés de se défaire bien vîte de leurs hôtes, vu la menace des Consuls de faire exécuter contre eux l'arrêt du Parlement. Enfin le Prieur de l'Abbaye de St. Victor les prit sous sa protection, et leur donna un asile. Ils obtinrent des lettres-patentes du Roi en 1632, et furent approuvés de l'Évêque. En 1635, le Maréchal de Vitry posa la première pierre de leur Église située entre les rues St.-Ferréol et Paradis. Il n'en reste plus aujourd'hui aucun vestige.

Les Pères Cordeliers de l'étroite Observance. Leur Église, qui n'a jamais été finie, fut solennellement consacrée en 1542 ; elle tombe en ruine, et leur Couvent bâti des libéralités d'un Gentilhomme Marseillais, près la porte de l'Ourse, a été détruit en 1793.

Les Servites vinrent à Marseille en 1555. Ils obtinrent d'abord l'Église de l'Hôpital de St.-Jacques des Épées ; et ensuite une Chapelle voisine, sous le titre de *Notre Dame d'Espaime.* Quelque tems après ils ne firent de ces deux Églises qu'un seul édifice qu'ils nommèrent *Notre Dame de Lorette.* En l'an 1622, toute la maison fut démolie, et l'on rebâtit une Église plus magnifique par les aumônes et les charités des fidèles. Elle était située dans les vieux quartiers.

Les Capucins furent reçus à Marseille en 1578. L'année d'après, la Reine Catherine de Médicis leur donna le jardin qu'elle avait acheté près les murs de la Ville, et voulut poser la première pierre de leur Église. Ils en firent bâtir une nouvelle que l'Évêque bénit le premier août 1694. Le Couvent et l'Église de ces Pères, qui ont été démolis en 1793, *tems de malheurs*, ont fait place à un des principaux marchés de la Ville.

Les Minimes suivirent de près les Capucins. Le Chapitre de St. Victor leur donna d'abord une petite Église hors la Ville, Notre Dame du Rouet, où ils demeurèrent jusqu'en 1590, ensuite une ancienne Église délabrée sous le titre de St. Michel, à la Plaine : ils la firent abattre, et bientôt il s'éleva à la place un assez beau Couvent dont il ne reste que des ruines. Il s'y est tenu 4 Chapitres-généraux.

Les Récollets. Par lettres-patentes données en 1621, ces Pères s'établirent à Marseille. Ils n'ont jamais occupé la maison qui leur fut donnée au-delà du quai pour y bâtir un Couvent, mais ils jettèrent les fondemens de celui où on les a vus, il y a quelques années, près de la rue d'Aix ; et Du Puget, Évêque, consacra leur Église en 1648, sous le titre de St. Louis Roi de France, qui sert aujourd'hui de Paroisse.

Les Feuillans. Leur établissement en cette Ville date de 1648, et se fit du consentement de l'Évêque. Leur maison était dans la rue qui porte aujourd'hui leur nom.

Les Chartreux. Le Prévôt de la Cathédrale donna en 1214, aux Chartreux de Montrieu, une maison hors la Ville, et sous la Plaine St. Michel. En 1249, l'Évêque de Marseille leur assigna un autre Couvent toujours hors la Ville. Les guerres ruinèrent les faubourgs; et la Chartreuse de Villeneuve près d'Avignon fonda, en 1633, ce superbe Monastère dont nous voyons encore les magnifiques restes, à un quart de lieue de la Ville, sur le ruisseau de *Jarret*. L'Église est entière, et c'est un des plus beaux monumens de Marseille. Elle sert aujourd'hui de Paroisse.

Les Pères de la Merci, occupés du rachat des esclaves, entrèrent en 1418, dans la maison des Frères Mineurs; ils vinrent s'établir près de la Charité, en 1652, et depuis lors ils avaient encore changé de demeure.

Les Picpus. Le Tiers-Ordre de St. François s'établit en cette Ville avant l'an 1740. D'abord ces Pères habitèrent près de la porte St. Victor, ils jetèrent ensuite les fondemens de leur Église et de leur Monastère tout près de la place Monthion. Mr. de Belzunce fit la consécration de leur Église le 5 mars 1749, et déposa sous le maitre-autel les reliques de sa propre croix pectorale.

Les Jésuites ont possédé plusieurs maisons dans cette Ville, notamment *St. Jacques* ou *St. Jaume* où ils avaient un Collège; *St. Régis* maison située vers le milieu de la rue Paradis, et une troisième sous le titre de Ste. Croix.

Les Frères des Écoles Chrétiennes, appelés en 1706, s'établirent dans une maison appartenant à Mr. André Porry; rue Ferrat. Après la dernière peste on leur assigna une nouvelle maison, rue de la Roquette. Enfin dans les derniers tems, ils étaient très-avantageusement logés à côté de l'Abbaye St. Victor.

Les Communautés religieuses de Filles étaient tout aussi nombreuses. Leurs noms rappèlent tous les genres de bienfaisance, toutes les vertus.

Abbaye Royale de St. Sauveur. Cette très-ancienne Abbaye fut fondée par St. Cassien, l'an 420, dans ce qu'on appelait la *Forêt Sacrée*. Les Cassianites forcées par les Sarrazins de quitter leur Couvent, logèrent quelque tems près des Accoules, et se fixèrent ensuite dans le local qu'elles firent élever sur un monument de l'ancienne Marseille peu digne de remarque.

Abbaye Royale du Mont de Sion. En 1245, une Abbesse de St. Pons de Gemenos fit bâtir ce Monastère sur la colline qui monte à la Plaine; ayant été démoli en 1361, on en construisit un nouveau que l'on abandonna pour l'ancien hôpital des Convalescens. Cette maison a été la dernière des Dames de l'Abbaye du Mont de Sion.

Monastère de Ste. Claire. Placée hors de la Ville en 1254, la maison de ces Dames fut comblée de dons et de gratifications par les Comtes de Provence : démolie en 1359, les dix-neuf Religieuses qui la composaient, se réfugièrent dans la Ville, près de la Chapelle de St. Cannat attenante à la tour de ce nom. C'est là qu'elles bâtirent leur Couvent, qui n'annonce pas la magnificence.

Les Carmélites de l'ordre de N. D. du Mont-Carmel, de la réforme de Ste. Thérèse, furent établies à Marseille en 1623. Leur Église en 1686, vis-à-vis celle de l'Observance, était remarquable par sa décoration en stuc et les peintures du plafond.

Premier Monastère de la Visitation. Des Religieuses des Monastères d'Annecy et de Lyon vinrent par ordre de Madame Fremiot de Chantal, établir à Marseille en 1623, un Couvent de l'ordre de la Visitation de Ste. Marie, que quelques personnes de la Ville avaient fait demander à St. François de Sales. En peu de tems elles firent élever une vaste maison, l'Église ne fut construite qu'après tout le reste. Mr. le Comte de Grignan, Lieutenant-général et Commandant de Provence, et Madame son épouse, née Françoise de Sévigné, petite-fille de cette célèbre fondatrice, en firent poser la première pierre en 1670.

2.e *Monastère de la Visitation* (*). Il fut fondé en 1651. Les Religieuses logèrent pendant quelque tems peu commodément dans leur maison; elles firent ensuite bâtir un beau Couvent dans la rue des Petites-Maries, à laquelle elles ont donné leur nom.

Les Capucines avaient un Couvent près de l'Arsenal, en 1623. Elles ont habité en 1683, une maison particulière, en attendant que leur Monastère qu'on bâtissait aux dépens du Roi fût terminé. Il était situé sur la promenade qui porte leur nom. On s'occupe dans ce moment de rétablir ces Religieuses dans une partie de leur ancien Couvent.

Religieuses du Saint Sacrement. Cet ordre fut fondé à Marseille en 1659, et approuvé du St. Siège seulement en 1695.

Les Dominicaines n'ont pas eu d'autre maison que celle qu'on a vue dans la rue des Récollets.

(*) On a établi, depuis environ 9 ans, deux nouveaux Monastères de la Visitation, un à la Croix de Reinier, qui a été tranféré à la rue de la Fare; l'autre à la rue des Dominicaines, pour l'instruction des jeunes Demoiselles.

Les Bernardines eurent une maison en Rive-Neuve, l'an 1637. Réné d'Anjou Comte de Provence, y fit son testament. Dans la suite elles firent construire ce superbe Monastère que l'on remarque aujourd'hui, soit à cause de sa beauté et de son étendue, soit parce qu'il est à peu près le seul qui ait échappé à la destruction des maisons religieuses. Ces dames s'y transportèrent en 1746.

Les Présentines. C'est le nom qu'on donne ici aux Religieuses de Ste. Ursule. Leur établissement date de 1647. Elles ont eu plusieurs Couvens, mais après l'agrandissement de la Ville, elles firent bâtir leur maison joignant l'aqueduc près la porte d'Aix, maison vaste et bien exposée qui a servi jusqu'à ce jour de caserne.

Les Augustines avaient une maison à Marseille en 1636 ; mais en 1749, elle fut réunie à celle des Présentines.

La Miséricorde dut sa fondation à un Prêtre de l'Oratoire, en 1632. Ce fut d'abord une maison située près de St. Martin : bientôt elle fut trop petite, ce qui engagea les Religieuses à faire bâtir un Couvent dans la rue des Convalescens, où elles entrèrent en 1678.

Les Récollètes furent reconnues en

1640. La Reine mère Anne d'Autriche épouse de Louis XIII, se déclara leur fondatrice en 1659.

Les Lyonnaises furent tirées en grande partie d'une Communauté de Lyon. Elles ont eu à Marseille différentes maisons; la dernière a été le Monastère situé aux Allées de Meilhan. Le Théâtre Français a été bâti sur une partie du terrein dudit Monastère.

Les Sœurs de la Charité avaient leur maison dans la rue des Carmes, et dernièrement au Collège de Belzunce.

HOMMES ILLUSTRES.

Ici les Pythéas, les Puget, les Mascaron, les Belzunce, etc. etc., se présentent à notre imagination. Nous voudrions leur donner à tous le tribut d'éloges qui leur est dû, mais les bornes que nous nous sommes prescrites, nous faisant un devoir de la brièveté, nous réduisent à n'offrir, pour ainsi dire, que la nomenclature de ces hommes célèbres.

Pythéas parut environ 325 ans avant notre Ère : Philosophe, Astronome, Mathématicien et Géographe, il osa tenter dans le Nord de nouvelles découvertes. Il parcourut une partie des côtes de l'Océan, s'avança jusqu'à l'île de Thulé (l'Islande) et pénétra dans la Mer Baltique. On lui doit la découverte de la distinction des climats par la différente longueur des nuits et des jours. Pythéas est regardé comme le premier et le plus ancien des écrivains gaulois qui nous soit connu ; ses ouvrages écrits en grec qui était alors la langue des Marseillais, ne sont pas parvenus jusqu'à nous.

Euthymènes contemporain de Pythéas faisait des voyages dans le Sud, quand celui-ci en faisait dans le Nord. La relation s'en est entièrement perdue.

Crinas, Médecin célèbre, ayant fait une fortune colossale, en ordonnant l'eau pure, la saignée et les bains froids, la laissa à sa Patrie pour rétablir les murailles que César avait abattues.

Démosthène excella dans la Médecine.

Oscius doué d'un esprit vif et subtil, aimant la satyre, florissait sous l'empire de Tibère.

Rostan-Berenguier, gentilhomme de Marseille, estimé l'un des meilleurs poëtes de son tems, mourut en 1315.

Palamèdes de Fourbin mérita le surnom de Grand sous le règne de René. Louis XI, en reconnaissance des services qu'il en avait reçu, lui donna la Vicomté du Martigues et la charge de Lieutenant-général de Provence.

Feuillée (Louis) nâquit en 1660. Étant entré dans l'ordre des Minimes, il fut associé à l'académie des sciences. Louis XIV le fit voyager en différentes parties du Monde, et il remplit sa mission à la satisfaction du Monarque qui lui donna l'ordre de construire un Observatoire à Marseille. Il a laissé des observations sur la Botanique, et une description des plantes les plus connues de l'Amérique méridionale. Sa mort arriva l'an 1732.

Puget, célèbre dans la Peinture, la Sculpture et l'Architecture, nâquit en 1623. Il avait enrichi l'Italie de ses productions, lorsque Colbert le rappela en France et lui fit donner une pension de 1200 écus. Ses ouvrages peuvent être comparés aux chefs-d'œuvres des plus grands maîtres ; son style a quelque ressemblance avec celui de Michel-Ange. Marseille, Aix, Toulon, Versailles, Paris, possèdent des ouvrages de cet artiste. L'écusson aux anciennes armes de France, placé sur la principale porte de l'Hôtel-de-Ville de Marseille, est perdu pour cette cité. Puget mourut dans sa patrie, en 1694, âgé de 72 ans.

Serre, Peintre célèbre, fut élève de Puget.

Plumier, Religieux Minime, né en 1646, s'adonna à la Physique, à l'Histoire naturelle, et sur-tout à la Botanique. De retour de Rome, Louis XIV l'envoya en Amérique pour rapporter en France des plantes utiles à la Médecine. Il fit trois voyages, et revint toujours avec de nouvelles richesses. Le Roi le nomma son Botaniste, et ajouta à ce titre une pension. Il avait entrepris un quatrième voyage, lorsque la mort l'arrêta au port de Sainte-Marie près de Cadix, en 1706, âgé de 60 ans. Il a laissé différens ouvrages.

Mascaron (Jules) né en 1654. La haute réputation qu'il acquit dans la prédication, le fit nommer à l'Évêché de Tulles, d'où il fut transféré à celui d'Agen, en 1671, et il y mourut en 1703. On a publié ses oraisons funèbres.

Gautier, Prêtre de l'Oratoire, fameux Missionnaire, non dans le pays des infidèles, mais dans le sien, où le zèle religieux peut s'employer si utilement.

De Belzunce. Ce Prélat mérite un rang distingué parmi les hommes illustres de Marseille. Il n'est point né dans cette Ville, mais il l'a édifiée par 45 ans de vertus. Celles qu'il fit paraître au commencement de son Épiscopat, l'an 1710, donnèrent les plus grandes espérances à son Diocèse, et il les surpassa pendant les ravages affreux que la peste fit en 1720; il fut tout-à-la-fois Jurisconsulte, Médecin et Évêque. Il n'y a que l'humanité soutenue par la Religion qui puisse inspirer tout ce qu'il fit alors pour le soulagement du peuple. On appercevait la simplicité de son ame et la droiture de ses intentions dans tout ce qu'il faisait, et il aurait réuni tous les suffrages s'il avait vécu dans ces tems-ci. Il mourut le 14 juin 1755, âgé de 84 ans, après avoir fondé des maisons de charité et publié divers ouvrages.

Fortia de Pilles (Alphonse) Gouverneur-Viguier de Marseille, affligée de la peste en 1720, ne faisait que céder à l'impulsion de son cœur, lorsqu'il secondait autant de son autorité que de son exemple, le zèle des courageux Marseillais dévoués au salut de leurs concitoyens.

De St. Jacques, Directeur de l'Observatoire de Marseille, était très-versé dans l'Astronomie.

Dumarsais a été habile Grammairien.

Peyssonel, Académicien distingué par son érudition, et sur-tout très-versé dans la Diplomatie.

Guys, auteur du voyage littéraire de la Grèce et de plusieurs autres ouvrages.

Barthélemi, auteur du voyage du jeune Anacharsis en Grèce, était de Cassis.

ANCIENS MONUMENS. (2)

Parmi les Monumens qui ont existé avant le 17.e siècle, il en est peu qui se soient conservés jusqu'à nous : nous osons même dire qu'il n'est aucune ancienne grande Ville en France qui offre aussi peu de restes d'une antique splendeur. Le Temple de la Major, les débris du Monastère St. Victor, quelques marbres tirés du Temple de Diane, quelques maisons de la Ville supérieure, sont, à proprement parler, les antiquités de Marseille; car les édifices des Accoules, de St. Martin, de N. D. du Mont, de St. Laurent, la Tour du Fort St. Jean, tous morceaux d'architecture gothique, appartiennent à des tems moins reculés. Marseille doit sans doute à la férocité des nations barbares qui l'ont tant de fois subjuguée, la ruine de ses anciens monumens, et les Vandales de ces derniers tems ont fini de détruire le peu qui en restait.

Temple de Diane. Il était situé sur le cimetière de la Major, peut-être même le Chœur de cette Eglise en faisait-il partie.

Murailles. Elles ont été abattues et relevées plusieurs fois, selon que la Ville avait été ou prise ou agrandie. Celles qui fermaient Marseille avant J. C. furent détruites, quand César se rendit maître de la Ville. On en rebâtit d'autres défendues par de bonnes tours qui subsistèrent jusques en 412. On n'est pas sûr qu'il en ait été construit de nouvelles jusqu'en 1350, si ce n'est des parties qui devenaient indispensables, vu l'agrandissement de la Ville. En 1350, la Communauté jugea à propos de donner à Marseille une étendue plus vaste, et fit élever des murailles qu'on abattit encore pour un nouvel agrandissement. Elles étaient belles, bien bâties, de pierre de taille, hautes et épaisses; elles avaient trois tours uniformes de pierre de taille cannelée et de figure ronde. Il y en avait deux à la Porte Royale, et la troisième défendait la porte du marché. Elles coûtèrent 2260 florins d'or, à raison de 11 florins la canne. La muraille de la Cathédrale à la Tourrette coûta à raison de trois florins la canne. On bâtit dans la suite la Tour de Porte Galle, les murailles du Plan Fourmiguier qui firent place au Parc quelque tems après. En 1407 et 1408, on fit les murailles du côté de St. Laurent, sans toucher à la Tourrette qui avait été réparée en 1381; mais on bâtit les Tours du Capiscolat et de l'Ourse. Tout ce côté de la mer, depuis la porte de l'Ourse jusqu'à la Tourrette, fut achevé en 1412. On fit réparer la Tour de Rostagnier, et on la munit de créneaux. En 1522, on ajouta une plate-forme contre la Tour de Ste. Paule, d'où les murs s'avançaient vers la porte que nous nommons d'Aix, descendaient à St. Martin, de là à la rue des Fabres, et fermaient ainsi la Ville jusqu'au Port.

Portes. Les portes de Marseille ont été:

La Porte Royale, par laquelle les Rois faisaient leur entrée, dite depuis des *Fainéans*, plus anciennement Porte Lauret.

La Porte du Marché, au lieu même des Méduses, sur le Cours.

La Porte de la Frache (*Porta fracta*) près de Ste. Barbe, abattue en 1262, pour donner entrée à Charles d'Anjou.

La Porte d'Aix, à l'arc le plus voisin du Couvent des Présentines.

La Porte de l'Ourse, plus anciennement Porte de France.

La Porte de la *Calade*, dans la suite, du Plan Fourmiguier.

La porte des Augustins. On l'a démolie pour y bâtir le Parc.

La Porte St. Martin, vis-à-vis l'Église de ce nom, fermée du tems de Bourbon.

La Porte Galle (*) (*Porta Gallica*) aujourd'hui la Joliette.

La Porte de Ste. Paule, à côté de cette Tour.

Aujourd'hui il n'y a plus de portes, comme nous aurons lieu de le dire, si ce n'est pourtant celles de la Joliette et de St. Victor. La première passe pour le plus ancien monument qui existe à Marseille, et la seconde n'en mérite pas le nom.

St. Victor, Monastère saccagé et ruiné plusieurs fois, relevé par les Vicomtes et Évêques de Marseille, et regardé comme l'un des plus anciens de France. Ce fut la piété des premiers fidèles qui donna lieu à son établissement. Ce n'était qu'une grotte ou caverne qui servait de retraite aux Chrétiens pour y célébrer les Saints Mystères et y ensevelir les corps des Martyrs. Celui de Victor, martyrisé sous Dioclétien,

---

(*) L'historien Ruffi assure que c'est la seule porte qui ait été épargnée par César. Elle date de l'an 200 avant notre ère.

le 20 juillet de l'an 303, y fut déposé. En 410, le célèbre St. Cassien vint de l'Orient à Marseille, et fit bâtir sur le tombeau de St. Victor, une Chapelle, avec un Monastère de Moines qu'on nomma *Cassianites*. Ce fondateur eut, dit-on, 5000 Moines sous sa conduite : il en eut peut-être un peu moins, quelque grande que fût alors la faveur pour l'état monastique. Il mourut en 435.

La muraille et les tours dont on avait fortifié cette maison, sont de 1196. On y voyait des inscriptions de tombeaux, des antiques, la plupart d'un mauvais goût, des colonnes de pierre dont les bases et les chapitaux de marbre gris et d'ordre corinthien, servaient à soutenir la voute de l'Eglise inférieure, parmi lesquelles deux petites colonnes en marbre blanc ; dans le cloitre beaucoup de pilastres et colonnes en marbre et jaspe de toute couleur. On y remarquait l'Autel d'une Chapelle construit sous l'Empereur Antonin. La grotte de cette Eglise a été le berceau de l'Eglise de Marseille, dès la prédication de l'évangile. Aujourd'hui ces saints lieux ne présentent que ruines : l'Eglise seule est conservée, les reliques de son riche trésor étaient célèbres. Cette

Abbaye (*) sécularisée en 1751, a produit, dans tous les tems, un grand nombre de savans et illustres personnages. Le Pape Urbain V avait été Abbé de cette Maison qu'il avait gratifiée de dons magnifiques. Le Chapitre, en reconnaissance, lui éleva, après sa mort, un monument funèbre dans son Église.

Arsenal. Point de doute que les anciens Marseillais n'aient eu un arsenal; un peuple guerrier ne pouvait guères s'en passer. Celui qui fut bâti par la colonie, contenait tous les instrumens et machines de guerre nécessaires à l'attaque et à la défense, et tous les agrès propres à l'entretien et à l'armement des navires. Tous ces objets devinrent la proie du vainqueur, lorsque la Ville tomba au pouvoir des Romains, en sorte qu'au rapport de Strabon, cet arsenal ne subsista plus que pour attester par des vestiges et des lambeaux, son ancienne célébrité. On ne connaît pas la place qu'il occupait. Ce fut là le premier arsenal de Marseille.

Il y en eut dans la suite un second sur l'emplacement de l'hôpital des forçats,

(*) Les anciens sarcophages que cette Abbaye renfermait, étaient les monumens de la piété des premiers Chrétiens de Marseille; ils ornent aujourd'hui le Musée de cette Ville.

mais Robert Roi de Sicile, Comte de Provence, le jugeant trop petit, ordonna d'en construire un nouveau sur le même local, capable de contenir 30 galères, et Louis XII Roi de France l'agrandit de 18 hangards.

François I.er fit aussi bâtir un arsenal, mais tous ces arsenaux devaient le céder à ce magnifique carré élevé par Louis XIV, qu'un grand nombre de nos concitoyens a pu voir et parcourir, et dont une partie, dite le Parc, reposait sur l'emplacement de l'ancien chantier de construction.

Château-Babon. C'était un grand édifice qui s'étendait depuis le Fort St. Jean jusqu'au bout de la colline appelée *Casteou-Joli*, de *Castrum Julii*, parce que Jules César fit bâtir en ce lieu une forteresse, après s'être rendu maître de la Ville. Ce quartier ne renfermait autrefois que le Château-Babon qui avait sa principale entrée du côté de la place de Linche.

N. D. du Mont. Cette Eglise qui n'est qu'une grande Chapelle, est pourtant très-ancienne. Elle a porté le titre de St. Etienne du Plan. En 576, elle fut le lieu de l'entrevue que le Lieutenant de Childebert Roi d'Austrasie eut avec le Gouverneur de la Provence, pour Gontrand Roi de Bourgogne, sur la souveraineté de Marseille que ces deux Princes se disputaient. Elle a été réédifiée en 1586 et n'a d'autre mérite que son antiquité.

Il y avait autrefois une Chapelle dans cette Église, sous le titre de N. D. de la Mer, où les navigans allaient déposer leurs *ex voto*. Dans la suite cette dévotion fut portée à la Chapelle N. D. de la Garde.

La Major. Après la grotte religieuse de St. Victor, ce fut à Marseille le premier Temple élevé au vrai Dieu, bâti des débris du temple de Diane. C'est assez dire combien il est ancien. L'édifice qui tombait en ruine, a été réparé, en 1815 et 1816, par les soins de son digne Pasteur, Mr. Raymond Gauthier, et par les libéralités des fidèles. On peut encore voir dans le sanctuaire six colonnes de granit oriental avec des chapitaux antiques.

Le tombeau qui sert de bassin aux fonts baptismaux, est d'un très-beau genre, et dans le costume romain, il date avant notre ère.

Les Églises des *Accoules*, de *St. Martin* et de *St. Laurent*, méritent un rang parmi les anciens monumens de la Ville; leur construction indique suffisamment leur antiquité. La première n'existe plus.

Fort de Notre Dame de la Garde. François I.er le fit bâtir en 1525, tel que nous le voyons aujourd'hui sur la cime de cette montagne qui domine la Ville et la mer, et qui est ainsi nommée d'une tour que la Ville y avait fait bâtir au 10.e siècle pour faire la garde. On a de la peine à se persuader que ce lieu sec et pierreux fut autrefois tout couvert d'arbres, et fit partie

De la forêt sacrée,
Formidable aux humains, et du tems révérée.

Il a servi de prison pendant quelques jours au Duc d'Orléans, à son arrivée en cette Ville, en 1793.

Château-d'If. Il est situé dans une île qu'on nommait anciennement *Ypea*, à cause de la quantité d'ifs qui y croissaient. Selon la tradition vulgaire, elle a servi à des usages bien différens depuis la fondation de Marseille. Des auteurs prétendent qu'il y avait un cirque du tems du paganisme. Ce fait n'est pas invraisemblable, puisque les spectacles étaient prohibés dans notre République. Il se peut que du tems de la domination romaine, ces conquérans eussent fait construire cet édifice en cet endroit, pour ne pas heurter nos mœurs; à-peu-près comme les Genevois qui avaient leur théâtre hors de leur domaine, afin de maintenir leurs constitutions qui les banissaient.

Cette île, ainsi que celles de Pomègue ou *Pomponiana*, et de Ratoneau ou *Mèse*, ont servi, dans les premiers siècles du Christianisme, de retraite à nombre de saints solitaires.

François I.er fit construire ce Château en 1529, dans le même tems que celui de la Garde : il sert de prison d'état ; le fameux Comte de Mirabeau y a été renfermé pendant quelque tems.

La Tour-Maubert à l'embouchure du Port, dans le Fort St. Jean, est très-ancienne. Elle fut démolie en 1423, et reconstruite en 1428, telle qu'elle est aujourd'hui du nom de St. Jean.

Aqueducs. Ils furent construits aux dépens des habitans de la Ville supérieure, pour donner de l'eau dans Marseille. Depuis long-tems ces sources sont taries, et il ne reste plus de vestiges des arcs par lesquels elles arrivaient. L'eau qu'on boit aujourd'hui est dérivée de l'Huveaune.

Grande-Horloge. La tour qui la portait était construite sur un rocher appelé *la Roque des Moulins*, et coûtait 626 florins. La cloche fut refondue en 1429, et pesa 40 quintaux.

Hôtel-de-Ville. Cet Hôtel appartient

au 17.e siècle. Le Corps de la Ville s'était précédemment assemblé près les Grands-Carmes, ensuite près le grand hôpital du St. Esprit. La position sur le quai et la façade de l'Hôtel-de-Ville actuel font l'admiration des connaisseurs.

Infirmeries. On les nomme vieilles par opposition aux nouvelles dont nous aurons occasion de parler. Le bâtiment au Sud de la Ville fut fini en 1560. Bien qu'il aît été agrandi en différens tems, il n'a pu offrir assez d'espace aux besoins toujours croissans des quarantenaires.

Les Bains. Nous ne voyons pas qu'ils aient été en grand nombre. Un réglement voulait que les femmes débauchées ne pussent entrer aux bains que les lundi, et les juifs le vendredi, à peine de 30 s. d'amende.

La Monnaie des anciens Marseillais était en or, argent et cuivre; elle portait l'image de Diane et d'Apollon: au revers on distinguait un lion, un vautour, avec l'inscription grecque: MAΣΣA. On aurait de la peine à en voir aujourd'hui une seule pièce, ailleurs que dans les cabinets particuliers.

Les Armoiries étaient un taureau, animal consacré à Diane; elles furent ensuite un lion, emblême de la force; Marseille chrétienne en adopta de nouvelles qui furent une croix d'azur sur un champ d'argent.

Synagogue. Les Juifs en eurent plusieurs : la principale et la plus ancienne était située près de l'Église St. Martin, et subsista jusqu'en 1501, époque où ils furent forcés de quitter le Royaume.

Palais. Il est de 1565. Avant qu'il fût dans l'état où nous le voyons, la justice était administrée dans une salle de l'hôpital du St. Esprit.

La Tourrette. C'était anciennement la tour qui servait de phare aux vaisseaux. Elle était carrée et appelée la *Tourrette*, ou petite tour, pour la distinguer de la grande qui se trouve dans le même local. On lui a donné une forme circulaire et plus d'élévation.

Maison Épiscopale. Les historiens rapportent qu'elle était grande et magnifique, attenante aux remparts et défendue par une tour. Elle fut démolie durant le siège de Bourbon, en 1524.

Le Palais Seigneurial était celui où s'assemblaient les Vicomtes pour traiter d'affaires d'État. Il était fait en forme de tour. Les Marseillais n'eurent pas plutôt secoué le joug des Vicomtes, qu'ils ruinèrent leur palais jusqu'aux fondemens. Il occupait l'emplacement de la vieille halle.

Halles. Il y en a deux dans la vieille Ville. La plus ancienne est celle qui se trouve avant d'arriver à la place du Petit-Mazeau, près de la Grand'Rue, et n'a rien de remarquable. L'agrandissement de la Ville donna lieu à la construction d'une nouvelle Halle qui porte le nom de *Halle St. Martin*, près de cette Église, et celle-ci fut exécutée par le célèbre Puget. Nous parlerons de toutes.

Nous ne dirons rien de ces restes d'antiquité qu'on rencontre dans Marseille et qui n'occupent personne, telles que plusieurs fontaines dont la plus remarquable est celle de la Samaritaine, aujourd'hui méconnaissable, quelques maisons un peu mieux conservées, et que la tradition dit avoir été celles de quelques personnages fameux ; celle entr'autres qui se trouve dans la rue Lorette, n.° 17, en face du couvent des Clairistes, passe pour être la maison qu'habitait Libertat qui délivra la Ville de la tyrannie de Casaulx ; celle qu'on voit dans la rue des Carmes, portant le n.° 37, fut, dit-on, habitée par Titus-Nanius Milon, Sénateur romain, exilé à Marseille après le meurtre de Clodius ; mais la chose est loin d'être démontrée.

TABLEAU
DE
MARSEILLE MODERNE.

CHAPITRE I.

ADMINISTRATION.

MARSEILLE, après avoir tout perdu à une révolution qu'elle avait servi avec chaleur, mais contre elle-même, ne laissa pas de se montrer encore l'une des quatre premières Villes de France; quelques étrangers s'y réfugièrent, les habitans que la terreur en avait chassés, rentrèrent dans leurs foyers, et bientôt la population s'accrut. Marseille fut appelée à devenir le chef-lieu de l'administration d'un des principaux Départemens; et elle est effectivement aujourd'hui le siège d'un Préfet chargé de tout ce qui la concerne.

Un Commissaire-général de Police y exerce la haute police sous la surveillance et avec l'autorisation du Préfet. Il a sous lui dix Commissaires particuliers qui exercent la Police judiciaire sur certains délits.

L'administration de la Ville est confiée à un Maire qui a six Adjoints, auxquels il peut déléguer ses fonctions, et qui le remplacent en cas d'empêchement.

Les Commissaires particuliers de Police sont tenus d'exécuter les ordres de Mr. le Maire, en tout ce qui a rapport à la Police administrative de la Ville.

La justice est rendue par un Tribunal de première instance, qui connaît des matières civiles; six Tribunaux de Paix, dont les fonctions sont conciliatoires, ou judiciaires, ou extrajudiciaires; un Tribunal de commerce qui s'occupe de juger les affaires de Commerce tant de terre que de mer; enfin par un Tribunal de Police qui connaît des délits de simple police.

Il y a à Marseille 42 Avoués et 30 Notaires.

La 8.e Division militaire qui comprend plusieurs Départemens, a aussi pour chef-lieu Marseille, où résident l'Officier supérieur qui la commande, ses Aides-de-Camp, un Inspecteur aux revues, deux Commissaires des Guerres, un Commissaire Ordonnateur, etc. etc.

Il y a un Gouverneur, un Commandant d'armes et deux Adjudans. Chaque Fort ou Citadelle a aussi son Commandant.

La Direction des Contributions directes est encore une partie essentielle de l'administration. Elle est chargée d'aider les répartiteurs dans la confection des états, de surveiller les rentrées et les versemens des percepteurs, de faire chez les receveurs des vérifications fréquentes, d'expédier les ordonnances, de les faire passer aux percepteurs et d'en instruire les contribuables, etc. etc. Le receveur-général est en même tems receveur particulier de l'arrondissement.

CHAPITRE II.

Établissemens.

Les plus durables sont ceux qui sont fondés sur des vues d'utilité : tels sont les établissemens dont nous allons parler. Les uns concernent le Commerce, les autres la Marine, d'autres la Bienfaisance, d'autres enfin l'Instruction.

Les établissemens qui concernent le Commerce, sont : 1.° une Chambre de Commerce composée de Négocians éclairés, *supprimée* en 1791, et rétablie en 1802. Elle s'occupe des moyens d'accroître le Commerce, et surveille tout ce qui l'intéresse. Elle siège à l'Hôtel-de-Ville. 2.° Un Tribunal de

Commerce créé en 1790, institué pour le jugement des affaires de Commerce, tant de terre que de mer. Il est situé rue St.-Jaume. 3.° Une Bourse, ou *Loge*, où se rassemblent les Négocians pour traiter d'affaires de Commerce. Elle est ouverte tous les jours, excepté les Dimanches et Fêtes, et tout Négociant a droit d'y entrer. 4.° Une Direction des Douanes, rue Silvabelle. 5.° Une direction des droits indirects, rue Sainte. 6.° Un hôtel des Monnaies, dans l'ancienne Abbaye des Dames de Sion, rue des Convalescens. 7.° Une direction de la Poste aux lettres, rue Tapis-Vert; 8.° une autre de la Poste aux chevaux, rue de l'ancien Poids de la Farine. 9.° Plusieurs bureaux de Peseurs, dont le principal est sis Place Royale, et un bureau de Mesureurs, place de la Canebière. 10.° Un entrepôt de Marchandises étrangères. 11.° Une entreprise générale des Messageries de Marseille à Lyon, et autres établissemens de voitures pour tous les pays, dont les bureaux sont situés place de la Canebière et sur le Cours. Il y a encore des voitures appelées *Fiacres* pour le service de la Ville et des Campagnes, stationnées place Royale, dont chacune doit porter un numéro.

Les établissemens qui concernent la Marine, sont : 1.° une administration de la Marine dont le bureau est sur le Canal. 2.° Un bureau de Port, quai Royal. 3.° Une jurisdiction de Patrons-Pêcheurs, dont l'établissement est très-ancien, puisqu'il existait déjà sous le Roi René Comte de Provence, qui confirma leurs privilèges par des lettres-patentes, en 1452 et 1457. Un titre daté de 1349, les appèle Consuls. Ces Magistrats sont qualifiés de *probi homines piscatorum*. 4.° Une administration de Santé, à laquelle on doit des réglemens sanitaires faits en 1739, de la plus grande importance pour la Ville de Marseille. 5.° Un magnifique Lazaret, très-commode et très-étendu. 6.° Enfin des *Consulats* dont les Agens surveillent les intérêts maritimes de leur Nation. Passons aux établissemens de bienfaisance.

Marseille possédait autrefois des établissemens de charité dignes des plus grands éloges : ils faisaient la gloire de cette Ville et l'admiration des étrangers. Tous les habitans concouraient à l'envi à leur administration, et l'on citerait à peine un seul homme connu à Marseille, qui, avant la révolution, ne fût pas attaché à quelqu'un de ces établissemens de charité et de bienfaisance, dont l'administration, quoique gratuite, ne laissait rien à désirer. Nous devons cette justice à nos concitoyens, et nous osons dire qu'aucune Ville n'était comparable à Marseille à cet égard.

Les établissemens de bienfaisance sont aujourd'hui: 1° un Octroi municipal et de bienfaisance, établi en 1800, et dont le bureau général est situé rue Sainte. 2.° Une Administration centrale de Secours publics, chargée de tout ce qui a trait à cette partie, entr'autres, des secours à domicile aux pauvres honteux de la Ville, dont le bureau est rue Jérusalem. 3.° L'Hôpital du St. Esprit, qu'on appèle aujourd'hui *Grand-Hospice*, qui contient environ six cents lits pour les pauvres malades; il est situé près du Palais. 4.° L'Hôpital de la Charité, actuellement connu sous le nom d'*Hospice de la Vieillesse et de l'Adolescence*, où l'on entretient et fait travailler un certain nombre d'indigens de tout âge et de tout sexe; il est voisin des remparts près de l'Observance. 5.° L'Hôpital de St. Lazare, qu'on nomme *Hospice des Insensés*, où l'on renferme les fous, dans le faubourg

St. Lazare. 6.° Une Société de Bienfaisance, qui a fondé trois établissemens où l'on distribue des soupes économiques, dites à la *Rumfort*, des dispensaires à l'instar de ceux de la Société philantropique de Paris, et un établissement sous le nom de Société Maternelle, pour les femmes en couche. 7.° Une maison des Sœurs de la Retraite pour l'instruction des pauvres filles, connue sous le nom des Écoles de Charité, établie en 1808, à la rue de la Providence, par le père Charles, zélé Missionnaire, avec l'approbation de Mgr. l'Archevêque et l'autorisation du Gouvernement. 8.° Un Mont-de-Piété où l'on prête sur gage, moyennant un modique intérêt, devant l'Église de St. Martin. 9.° Une Société de Médecine formée en 1800, qui s'occupe des moyens propres à prévenir les maladies ou à les traiter, et généralement de tout ce qui peut perfectionner l'art de guerir. Elle s'assemble dans une salle du Collège Royal. 10.° Un Comité de Vaccine composé de médecins et officiers de santé, pour en faire l'inoculation aux indigens gratuitement.

Enfin il y a des établissemens qui regardent l'instruction, et de ce nombre sont : 1.° l'Académie (*), Société savante, composée en partie des Membres des anciennes Académies de Marseille, et qui a pour objet de faire des recherches et de propager les découvertes qui peuvent contribuer aux progrès des sciences et des Arts. Elle tient ses séances dans une des salles du Collège Royal. 2.° Une Bibliothèque publique dans le même corps de bâtiment. 3.° Un Musée encore dans le même édifice. 4.° Un petit Séminaire établi en 1809, dans l'ancienne Abbaye des Dames de Saint Sauveur. 5.° Un Collège Royal. Il occupe le grand et magnifique Monastère des Bernardines. 6.° Une Ecole de Dessin au même local. 7.° Un Jardin des Plantes, voisin de l'Église des Chartreux, à un quart de lieue de la Ville. 8.° Une École de Navigation, etc. 9.° Un Observatoire Royal de la Marine. 10.° Une Société de Musique. 11.° Trois Cercles. 12.° Plusieurs Cabinets littéraires, etc. etc.

Nous pourrions encore considérer comme établissemens en faveur de la

---

(*) Fondée en 1726, sous la protection du Maréchal de Villars, par J. P. Rigord. Chevalier de l'ordre du Roi, ancien Commissaire de Marine, et subdélégué de l'Intendant de la Province, Lavisclède et Peyssonel,

Religion, les Parroisses, Succursales et Oratoires de la Ville, avec leurs Administrateurs ou Marguilliers. L'ancienne Église Cathédrale, appelée la *Major*, ayant été supprimée par le Concordat, celle de St. Martin est devenue Eglise Majeure et principale Paroisse tout à la fois. On en compte trois principales qui ont chacune plusieurs Paroisses-Succursales et Oratoires, selon que le besoin l'exige. Le Diocèse de Marseille avait avant la révolution, vingt-deux Paroisses, auxquelles il en fallait ajouter cinq pour Marseille et trois dans le terroir.

Ceux qui professent la religion protestante, ont leur Temple dans la rue du Vieux-Concert, et les Juifs leur Synagogue dans la rue Grignan.

CHAPITRE III.

Commerce.

L'ancienneté du Commerce de Marseille date de la fondation même de la Ville. Les Marseillais l'ont toujours exercé avec honneur et l'ont porté dans les quatre parties du monde; leur Ville en est devenue en quelque sorte le centre.

Aucune autre en France ne présente des mouvemens aussi rapides et aussi variés, et c'est un témoignage que lui rendent tous les étrangers qui la visitent. Ses fabriques, ses manufactures sont si nombreuses, si répandues, qu'il sera très-facile au voyageur curieux d'en avoir l'accès. Il rencontrera partout sur ses pas, des fabriques de Savon, des raffineries de Sucre, des manufactures de Corail, de Chapeaux, de Verrerie, de Vitriol, de Parfumerie, qui ont une célébrité connue dans toute l'Europe. Dans tous les tems, on trouve à Marseille, Drogueries, Plantes médicinales, Vins de Chypre, Calabre, Espagne, Vins clarifiés à la *Bordelaise*; Blés de tous les pays; Fruits secs, Chairs salées, Bonnetteries, Tanneries, Bas, Souliers, ouvrage de mode qu'on exporte en Amérique; Oranges, Citrons, Olives; Soieries, Draperies, Cotons, Laines, Galles, Gommes, Poils et Fils de Chèvre; Suifs, Soudes, Cuivre; Café, Indigo, Cacao; Chanvres, Toiles, Indiennes; Cochenille, Safran, Soufre; Anchois, Thon mariné, Huiles les plus douces de la Provence, etc. Marseille est comme l'entrepôt de tous les produits du Monde. Nous nous abstenons de nommer ceux des Négocians dont les Manufactures sont en possession de produire ce qu'il y a de plus parfait et de mieux fini en leur genre; mais nous pouvons assurer le voyageur qui rechercherait quelque produit de l'industrie Marseillaise, qu'il sera introduit à l'une des fabriques les mieux accréditées, pour peu qu'il connaisse un Négociant de la Ville, qu'il sera accueilli avec distinction, et sur-tout qu'il ne sera pas trompé; car la loyauté et la franchise ont toujours été des attributs du Commerce de Marseille.

Outre ces prérogatives d'ancienneté et d'étendue, ce Commerce en a encore une bien remarquable, c'est la solidité. Elle lui a été acquise par les relations que Marseille a entretenu avec l'Espagne et le Levant, et par les privilèges et franchises que les Rois de France ont accordés ou conservés à cette Ville. On sait combien l'Arrêt de 1669, rendu par Louis XIV, assura la prospérité du Commerce (*) de Marseille. Son état florissant ne connut point, pour ainsi dire, les revers; il ne reçut qu'une légère et faible atteinte dans cette crise déplorable que la Ville eut

(*) Le Commerce et l'Agriculture sont les mamelles de l'État. *Sully*.

à essuyer en 1720, et à laquelle toute autre aurait succombé. Marseille se releva, répara ses pertes, multiplia ses affaires avec une facilité, une promptitude qui tiennent du prodige, d'où l'on peut inférer que son Commerce a une solidité bien réelle. Qu'on ne s'effraye point de l'état de dépérissement dans lequel il a été plongé, le Souverain qui a créé une marine, fait creuser des canaux, encouragé les arts, a entendu la demande des fidèles Marseillais, et a déjà rétabli la franchise de leur Port.

CHAPITRE IV.

Division de la Ville. Beaux Quartiers.

La Ville de Marseille se divise en deux parties, dont l'une très-belle, neuve, régulière, bien bâtie, ornée de places et de fontaines, ceintes de boulevards, nouvellement plantés d'arbres, répond à sa réputation; l'autre, sise sur le penchant d'une colline, fait face au port, est très-ancienne, assez mal bâtie, malpropre et pourtant peuplée. On donne le nom de Ville Neuve aux *beaux Quartiers*, et de

Ville Vieille aux *vieux Quartiers*. Ces deux Villes sont séparées par une belle rue ou promenade appelée le *Cours*, qui joint par ses deux extrémités les rues d'Aix et de Rome, et présente un point de vue dont on parle partout, et qu'on chercherait vainement ailleurs ; et par la place de la Canebière qui d'un côté touche au Cours, et de l'autre à la mer. Cette division est si naturelle que l'étranger peut aisément la faire sans notre secours. En effet, il entre ordinairement à Marseille, ou par la porte d'Aix au Nord, ou par celle de Rome au Sud de la Ville. Ces deux avenues qui sont les seules ouvertes au roulage, exposent à ses yeux des édifices, des places, des colonnes, des fontaines, des larges rues tirées au cordeau et des mieux pavées, ayant chacune ses trottoirs, qui annoncent une Cité nouvelle ; mais si les affaires l'appèlent à la Loge, il se trouve bientôt comme resserré par des rues étroites, tournantes, sales, mal pavées, et ce contraste lui prouve qu'il n'est plus dans les beaux quartiers, mais dans les vieux. On peut donc regarder comme Ville neuve, toute la partie de la Cité qui est à la gauche du Cours, en descendant la rue d'Aix, et qui comprend la Paroisse dite des *Récollets*, celle-dite des *Réformés*, les Allées et toutes les rues qui y aboutissent ; le quartier de N. D. du Mont; de plus, la rue de Rome et son faubourg, les rues d'Aubagne, la Palud, St.-Ferréol, Paradis, la Darce, Grignan , Mazade , Montgrand ; le quartier de la Comédie, de Rive-Neuve, du Canal, de la place Monthion, les rues Sainte, St.-Victor, et celles qui les avoisinent, toutes en-delà du Cours et de la Canebière; et par vieux quartiers ou Ville vieille, on peut entendre toute la partie de la Ville en-deçà du Cours, adossée à la colline jusqu'au Port.

Ce Cours, qui mérite de fixer l'attention du voyageur, est orné de deux rangs d'arbres, de deux beaux bassins de fontaines, de maisons d'égale symétrie, et ne le cède en magnificence qu'à celui d'Aix. Il a été embelli, depuis environ six ans, de beaux bancs en pierre. Sa position au centre de la Ville, les hôtels et les cafés dont il est environné, en font le rendez-vous de toutes les classes des habitans, et dans les soirées d'été, l'on y trouve ce qu'on appèle le beau monde. Quoique cette promenade ne forme qu'une seule et longue allée, toujours trop resserrée, eu égard à l'affluence des habitués, on lui a donné trois noms comme si elle avait trois allées, et on a appelé l'extrêmité du Cours du côté de la rue de Rome, *place St.-Louis*, du nom d'un couvent de Cordeliers situé anciennement sur ce local, et où l'on vend aujourd'hui les fruits; la suite du Cours jusqu'aux *Méduses* ou bassins, se nomme *Grand-Cours* : c'est sur ce Cours que se fait la vente des fleurs pendant toute l'année. Nous dirons comme quelques auteurs modernes, qu'on devrait encourager le commerce des fleurs, par des considérations morales et d'hygiène publique. Le parfum qu'elles exhalent, rend l'air plus pur, du moins pendant le jour. Une fleur a des charmes aux yeux du pauvre, elle n'est pas un objet de dédain pour le riche. Il est rare que celui qui aime les fleurs soit méchant : elles peuvent, en procurant une douce émotion, distraire de l'idée d'un crime l'homme dont la raison s'égare. La fleur est la parure de la jolie bourgeoise, comme de la fière courtisanne, celle de la simple bergère, comme de l'auguste Reine. Le nom de *Petit-Cours* est donné au restant de la promenade.

Les rues d'Aix et de Rome sont très-remarquables. La première a une pente que la nature du lieu ne permet pas de faire disparaître, mais elle offre en même tems une vue d'un mille de long qui se repose sur la pyramide de la fontaine Castellane, hors la Ville. La seconde, plus étendue, est ornée de belles maisons, et présente, comme toutes les rues de la Ville neuve, des trottoirs pour la commodité des passans. Dans l'angle qui se trouve au commencement de cette rue, on y a placé une fontaine qui a pour ornement le buste en marbre de *Puget*.

Le quartier des Récollets n'offre à la curiosité que des rues bien alignées qui, du couchant au levant, conduisent aux Boulevards, et sont coupées du nord au sud par d'autres rues. On y trouve la Paroisse de St. Théodore, les Oratoires de la Providence et de la Mission de France, la fontaine des Cavaliers, l'hôtel St. Jacques, celui des Monnaies : on y voyait, il y a vingt ans, nombre de Monastères qui ont donné leur nom aux rues dans lesquelles ils étaient situés ; nous disons encore *rue des Capucins*, *des Petites-Maries*, etc. D'autres rues tirent le leur d'un hôpital, d'une auberge, d'une enseigne, comme celles *des Convalescens*, *du Petit-Saint-Jean*, *du Tapis-Vert*. Ces deux dernières aboutissent avec la rue Dauphine, à la place des Fainéans qu'on nomme aussi la place du Peuple. De tous les noms nouveaux substitués aux anciens, celui-ci nous paraît être le plus heureux, en ce qu'il rappèle au voyageur la belle place de ce nom, par laquelle on entre à Rome du côté de France, et dont celle-ci est une imitation, quoique faible, tant par sa forme et la fontaine qui la décore, que par la position de ces trois rues et leur direction. Le rapport serait plus frappant si la porte des Fainéans existait encore; c'est à l'imagination à la relever.

Du Cours aux boulevards de Noailles, aboutit une rue nommée Thubaneau; elle tire son étymologie de *Thube*, mot provençal qui, en français, signifie *qui fume*, parce qu'il y avait anciennement dans cette rue une maison où les gens de métiers s'assemblaient pour fumer. (c)

La suite des rues à gauche du Cours jusqu'à la rue Noailles, et en remontant celle-ci jusqu'aux Boulevards, présente de beaux édifices. La place de Noailles, toute resserrée qu'elle est, a un caractère de fraîcheur et de gaieté. Ce nom lui vient d'un hôtel superbe que fit bâtir sur les lisses de ce côté de la Ville, le Bailli de Noailles. En 1720, cette place avait une fontaine publique.

Les jardins qui étaient hors la Ville entre le Monastère des Capucines et celui des Lyonnaises, firent place, il y a près de 40 ans, à un quartier neuf, élevé, étendu, bien habité et le plus beau de Marseille. Il est, pour ainsi dire, dominé par la petite Église des *Pères réformés* (*), qui sert aujourd'hui de Paroisse, sous le titre de St. Vincent de Paule. Dans le centre est une promenade publique qui attire beaucoup de monde. Des allées qui ont plusieurs rangs d'arbres, partent de la place des Fainéans, et se nomment *Allées des Capucines*, à cause du couvent de ces Religieuses qui se trouvait là; d'autres partent de la place Noailles, et prennent le nom des *Allées de Meilhan*, qui était celui d'un Intendant de Provence : elles se joignent ensuite et forment en se rétrécissant, comme un triangle rempli dans le milieu par de belles maisons qui font face aux deux côtés. L'extrémité ou la pointe qui est

(*) Le Couvent a été aliéné, en 1793, par le gouvernement anarchique.

la plus élevée, a pour ornement un bassin de forme ronde, avec un jet d'eau susceptible d'un plus bel *effet*.

Tout près de là et sur la gauche du chemin de la Magdelaine, est un terrein spacieux, nouvellement planté d'arbres, qui offre un ombrage agréable. Il avait appartenu à l'ancien Chapitre Cathédral dont il porte encore le nom.

Au midi des Allées de Meilhan et dans la première rue du côté de la Ville, l'étranger verra deux monumens dignes de son attention. Le premier est le Théâtre français, dont l'intérieur répond à la simplicité noble de la façade. Le second est ce beau Couvent des ci-devant Bernardines, dont nous avons déjà parlé, et qui présente un local immense. Pour en donner une idée, il suffit de dire que cette maison renferme, 1.° la Bibliothèque publique qui contient environ 40,000 volumes : on y trouve les grands corps d'ouvrages les plus importans, on y compte plus de 800 manuscrits des plus curieux. 2.° L'Académie des Sciences, Belles-Lettres et Arts. 3.° Le Collège Royal, qui renferme de 100 à 120 pensionnaires. 4.° Enfin, la galerie du Musée, parée de plusieurs tableaux des grands maîtres, des statues, sarcophages et autres monumens très-antiques et curieux, attribués aux Phocéens, monumens qu'on a eu soin de faire recueillir et retirer des décombres des divers édifices publics que les Vandales du 18.e siècle ont eu la fureur de faire démolir pendant la révolution.

Il pourra voir dans le même local, le Cabinet d'Histoire naturelle de notre Académie; quoiqu'un des plus modernes, il n'en est pas moins intéressant; il est dû au zèle et aux recherches des membres de l'ancienne Académie.

Le quartier des Minimes étant peu distant de celui-ci, le voyageur pourra s'y rendre par une des trois ruès qui, des Allées, conduisent à la Plaine. La moins pénible à monter est la rue des Petits-Pères, quand on se trouve près de l'Église de ce nom; si au contraire l'on est près de la Ville; il conviendra mieux de monter par les Boulevards.

La Plaine St.-Michel prend son nom d'une petite Église dont les Religieux de St. Victor se démirent en faveur des Minimes. Cette Plaine était connue auparavant sous le nom de *Champ-de-Mars*, et avait servi de lieu de sépulture dans le tems de Marseille ancienne. On y tenait les assemblées de l'ancienne République de Marseille; on y exerçait les troupes aux évolutions militaires, et si les bourgeois prenaient les armes pour la défense de la Patrie, c'était toujours cette Plaine qui servait à les former. Charles IX y reçut, le 6 novembre 1564, les clefs de la Ville, qui furent présentées à Sa Majesté par la fille du Consul (Gaspard de Paul). Cette Demoiselle était assise sur un char traîné par treize jeunes gens, et Louis XIII y reçut aussi les hommages des Consuls, le 8 du même mois 1622. La Plaine St.-Michel est aujourd'hui un lieu qui n'a pour décoration que des arbres nouvellement plantés et clôturé de murs, d'où l'on ne saurait voir la campagne. On y a fait dans ces malheureux tems passés nombre d'exécutions militaires.

On rencontre, en avançant, des ruines du couvent des Minimes, ruines qui ne datent pas des Sarrasins, mais d'un tems postérieur, et un peu plus avant, l'ancienne petite Église aujourd'hui Paroissiale de N. D. du Mont, qui est loin de suffire aux besoins des fidèles déjà bien nombreux dans ce quartier, depuis l'établissement de quelques nouvelles rues.

Le plus court et le meilleur chemin

pour rentrer dans la Ville, est la rue d'Aubagne, autrefois faubourg, longue, rapide, et qui va joindre le Cours ; c'était par là qu'on allait à Aubagne. Les rues qu'on trouve à la droite en descendant, tendent aux Boulevards, et celles à la gauche conduisent dans les beaux quartiers. La plus remarquable de ces dernières est la rue de la Darce qui traverse les rues de Rome, St.-Ferréol, Paradis, et finit au Canal. Elle a à son sommet une fontaine d'où s'élève une colonne de granit oriental qui porte le buste en marbre d'Homère à qui les Marseillais consacrent ce monument d'une noble simplicité. On lit sur une des faces du piédestal : *Les descendans des Phocéens à Homère* ; et sur l'autre : *Ce monument a été érigé l'an* 1803. A côté est un lavoir comme dans les quartiers populeux.

Le revers de cette colline est occupé par des rues très-escarpées, appelées *Calades*, qui se terminent à la rue de la Palud, où se trouve la nouvelle Église de la Ste. Trinité, qui a été érigée en Succursale.

Entre les rues de l'ancienne Comédie et du Vieux-St.-Ferréol, on voit une halle nouvellement construite, décorée de 32 colonnes d'ordre toscan, exécutée en 1804, sur les dessins de Mr. Desfougères, ingénieur en chef du Département.

C'est seulement depuis l'an 1800 que la Ville de Marseille a vu s'élever dans son sein, des monumens dignes de son antique renommée et de sa splendeur.

Le marché aux herbes n'est pas loin de là; nous le citons seulement pour annoncer qu'il occupe l'emplacement du couvent des Capucins dont il ne reste pas le moindre vestige, et qui est le premier et le plus fréquenté des marchés de la Ville. Il a été orné depuis peu de deux fontaines pour la commodité du public. On y arrive par les Boulevards, par les rues des Capucins, des Beaux-Arts, de l'Académie et du Musée, et enfin par celle des Feuillans qui rappèle un autre couvent qu'on ne voit plus. Cette dernière touche à la place de l'Oriol, d'où on n'a plus qu'un pas à faire pour arriver à la Canebière, le centre des beaux quartiers.

CHAPITRE V.

Continuation du même sujet.

Nous avons jusqu'ici dirigé l'attention du lecteur sur cette portion intéressante de la Ville qui a été plus que toute autre le théâtre de ses accroissemens : il a vu le quartier des Réformés, celui des Minimes, les hauteurs qui environnent Marseille en tout sens, couvertes d'habitations, contribuer à l'embellissement de la Ville, et lui offrir des promenades. Nous lui devons encore l'exposition des quartiers les plus importans ; et afin qu'il puisse les embrasser plus facilement, nous le conduisons à la place de la Canebière, c'est-à-dire, à la position la plus heureuse.

En effet, de cette place, qui tire son nom du Chanvre, *Cannabis*, qu'on y vendait autrefois, s'ouvrent trois rues magnifiques, sur chacune desquelles nous nous arrêterons un instant. La première est celle de St.-Ferréol qui coupe en ligne droite les rues de Vacon, de la Darce, de Grignan, de Mazade de Montgrand, et se termine, non plus à l'Église de ce nom, la plus spacieuse de la Ville et la seule construite selon le goût moderne, mais à la place qu'elle occupait avant que B....s et Fréron, *Représentans du peuple*, en mission à Marseille, en eussent ordonné la démolition en 1793. Elle est ornée de fort beaux édifices, et un grand nombre de Négocians y ont leurs comptoirs. Cette place de St.-Ferréol est un carré qu'on ne fréquente guères: on y a fait depuis peu une plantation de marronniers. On y a placé dans ces derniers tems la statue de la Paix, mais qui ne mérite pas l'attention des connaisseurs. La seconde rue qui part de la Canebière, ou, si l'on veut, de la Place Royale (ci-devant Latour), est celle qu'on nomme Paradis, du nom d'un ancien cimetière appelé *Paradisus*: c'est le centre du commerce. Cette rue, décorée de belles maisons, est tirée au cordeau, et a son faubourg, comme celle de Rome. Son principal ornement est une fontaine dont nous parlerons en traitant des Boulevards. Enfin, la troisième est la rue Beauvau, du nom du dernier Gouverneur-général de la Province, qui ne le cède à aucune autre, et qui peut aller de pair avec les plus beaux quartiers de Paris. Ses deux côtés ont chacun trois îles qui semblent faire trois hôtels, et qui sont de la plus parfaite symétrie. Elle est la demeure ordinaire des étrangers durant leur séjour à Marseille : ils y sont comme environnés des plaisirs que donnent les grandes Villes; les cafés, les sociétés, le spectacle, la promenade, la mer, etc., tout est, pour ainsi dire, à leur main. Cette rue magnifique, qui frappe tout homme qui la voit pour la première fois, est terminée par le grand théâtre, et ne pouvait jamais l'être mieux. C'est un édifice carré, décoré d'un péristyle à six colonnes d'ordre ionique et d'un très-bel effet par sa situation même. Si quelques parties en paraissent lourdes, l'ensemble ne laisse pas de plaire par l'exécution et la proportion. L'intérieur est magnifique et bien ordonné, et la salle peut contenir 3000 personnes. Tout ce beau quartier, et particulièrement la rue Beauvau, nous le disons avec peine, est occupé par les filles déhontées que le voisinage de la comédie rapproche.

La place de la Comédie a pour décoration la principale façade du théâtre et les maisons de la place même.

A gauche de la rue Beauvau, et en se rapprochant de la Canebière, on trouve la place Royale (ci-devant

Latour), la première en rang par sa position et les ornemens qui la décorent. Le Commerce manquait de places pour entreposer cette quantité de marchandises qui s'exposent journellement dans la Ville : la Communauté demanda à Mr. Latour, premier Président et Intendant, d'être autorisée à faire l'acquisition des masures et magasins qui masquaient la porte de l'Arsenal, et elle l'obtint. En conséquence ces masures furent démolies en 1762, et le Conseil de Ville, pour témoigner sa reconnaissance envers le digne Magistrat qui avait favorisé cette entreprise, donna à la nouvelle Place le nom de *Place Latour* qui est appelée aujourd'hui Place Royale. Quelque tems après, le Ministre ordonna la vente d'une portion de cette place, sur laquelle on bâtit la salle du Concert, le bureau des Coches et quelques maisons attenantes. Tous ces édifices ont été démolis durant la révolution, mais le local qu'ils occupaient est resté aux propriétaires. La Place Latour, non compris ce terrein, a la figure d'un carré qui se fait remarquer par un monument échappé à la destruction, si ce n'est cependant qu'on lui a enlevé l'aigle qui le couronnait, et qui avait été placée en 1786.

C'est un grand bassin du milieu duquel s'élève un piédestal du plus beau dessin. Quatre dauphins en occupent lès angles et versent l'eau dans le bassin, tandis que des groupes d'enfans placés sur les deux principales faces du piédestal, s'appuyent sur des tortues et dirigent les eaux dans des coquilles rocaillées d'où elles tombent dans le bassin. Un Triton donne de l'eau à chaque coin pour la commodité du public. Au-dessus du piédestal, une pyramide surmontée d'un globe, porte sur quatre forts lions et termine ce bel ouvrage. Ce monument où le ciseau de l'artiste n'a rien oublié, est en marbre et d'un très-bel effet ; on désirerait seulement une plus grande abondance d'eau, celle qui est en jeu depuis quelque tems est trop insuffisante.

Là où s'élevait la salle du Concert, est établi un Café Chinois qui offre une rotonde assez élevée, décorée de glaces et de bas-reliefs représentant des hommes, des figures, des arbres dans le goût des Chinois : c'est un petit tivoli très-élégant.

Les plus belles places publiques de Marseille sont la place Castellane, qui termine la rue et le grand chemin de Rome ; la place St.-Ferréol, sur laquelle était bâtie la belle Église qui a été démolie pendant la révolution, comme nous l'avons déjà dit; les places de la Comédie, Royale et Monthion; elles sont en partie plantées d'arbres et décorées de fontaines.

La Place Royale (ci-devant Latour), qu'on a aussi nommée, suivant les circonstances, *Place Necker, Place de la Paille, Place de la Liberté*, a autour d'elle des rues nouvellement bâties, depuis la vente ou démolition qui a été faite de l'Arsenal et du Couvent des Carmes déchaussés, et, comme la rue Beauvau, elle est au centre des beaux quartiers.

La place Monthion à laquelle l'étranger pourra se rendre par la rue Paradis et celle de Mazade-de-Montgrand qui la joint, est beaucoup inférieure à celle-ci; elle est au nord du Cours Bourbon dont elle est très-voisine : elle a au couchant le couvent des Picpus, dont on voit des restes considérables. On y a élevé une fontaine dont le bassin sert à l'arrosage des arbres qu'on y a plantés. M. de Monthion, ancien Intendant de la Province, donna son nom à cette place dont la forme est carrée.

Cette partie de la Ville n'offre plus d'autres places remarquables, mais elle renferme de forts beaux édifices et quelques hôtels dans les rues Grignan, Mazade-de-Montgrand, qui s'étendent du levant au couchant, et autres moins considérables. Celle qu'on nomme rue Sainte est fort longue et bien intéressante sous le rapport de l'antiquité. Elle conduit au monastère de St. Victor, dont l'Église a seule résisté aux orages révolutionnaires, et sert aujourd'hui de Paroisse ; tandis que les tableaux, les chefs-d'œuvres de toute espèce que renfermait le couvent, ont été brisés, enlevés, mutilés, et que le couvent lui-même n'offre plus qu'un tas de ruines. Les Marseillais ont toujours eu de la vénération pour ces anciens lieux qui ont été le berceau du Christianisme dans leur Ville. En 1775, le Chapitre de cette Église célèbre fit construire au-devant du monastère une fontaine qu'on voit encore aujourd'hui, décorée d'une colonne antique de cannelures torses, dont le chapiteau porte un globe qui paraît également antique. Ce globe est un de ces boulets qu'on tenait sur les remparts au-dessus des portes des Villes, et qu'on laissait tomber sur les assiégeans, lorsqu'ils voulaient les forcer, machine de guerre fort usitée avant la poudre à canon.

Le piédestal de la colonne portait cette inscription :

Hâc parte Civitatis
Aquarum penuriâ laborante,
Capitulum Comitum Sti. Victoris,
Suis impensis,
Utilitate publicâ et ornamento,
Aquas deduxit
Hocque Monumento erexit
AN. DOM. M. DCC. LXXV.

La *Corderie* est la seule chose remarquable dans ce faubourg de St. Victor.

C'est ici le lieu de parler de la citadelle de St. Nicolas, sous le canon de laquelle est située l'Abbaye de St. Victor. Louis XIV la fit construire en 1660, sur une ancienne chapelle dédiée à ce Saint. Le jeune Monarque, en faisant bâtir ce fort, dit qu'il voulait aussi avoir sa *Bastide* à Marseille.

C'était une forteresse importante et la première de la Ville. Assise sur une éminence à l'entrée du Port qu'elle défendait, elle était en mesure de battre la Ville et la mer. Il n'est plus permis au voyageur d'en visiter les fortifications, mais seulement de s'asseoir sur ses décombres ; la main de la destruction en a fait en 1789, un amas de pierres.

De cette extrémité de la Ville le voyageur pourra se rendre dans l'intérieur par le Port de Rive-Neuve, quartier magnifique, nouvellement bâti, et qui sert à loger les grains ou à renfermer les agrès de navires; ou par la rue Sainte; qu'on peut regarder comme le chef-lieu des grandes et premières fabriques; ou enfin par le cours Bourbon, dont nous parlerons bientôt. Cette seconde reconnaissance des beaux quartiers lui donnera lieu d'apercevoir ce qui aurait pu lui échapper. Il sera frappé de l'ordre, de la distribution, de la régularité des rues : il remarquera à la rue Mazade-de-Montgrand, l'Hôtel Roux-de-Corse, qui a été destiné pour l'hôtel de la Préfecture, et celui Samatan (3), même rue, et la petite Succursale de St. Jérôme, dans la rue Grignan, l'hôtel Payan, occupé par le Commissaire-général de Police, même rue; et la maison des Jésuites ou de St. Régis, dans la rue Paradis; les trois hôtels situés sur la place Noailles; la superbe maison qui fait l'angle du Cours et de la Canebière, et qui a 18 croisées de façade sur l'une, et 19 sur l'autre.

Il nous reste à parler d'un quartier de la Ville neuve fort connu, l'un des plus fréquentés, entièrement réservé au Commerce, aux bureaux des Douanes, aux magasins d'entrepôt, etc.; et des Boulevards qui embrassent tous les beaux quartiers, depuis la montagne Bourbon jusqu'au faubourg de la porte d'Aix.

Nous pourrons dire avec quelque vérité, que c'est ici une troisième Ville dans Marseille; ce quartier du Canal est indépendant, séparé de tout autre quartier et enfermé dans une île. C'est un carré long composé de quatre rues qui se croisent et forment dans le milieu une petite place ornée d'une fontaine. On y a placé depuis peu un hermés géminé, c'est-à-dire à deux faces, représentant deux célèbres Marseillais, Euthymènes et Pythéas, de grandeur colossale. Le Canal qui l'entoure est tiré du Port et sert à débarquer les balles de marchandises et les emmagasiner, sans qu'il soit nécessaire de les faire voiturer par terre. On a construit cinq ponts sur ce Canal pour la commodité du public, celui qu'on appèle *Pont-Tournant* est le plus remarquable. Les maisons de l'île sont très-belles et très-régulières, bâties sur l'emplacement de l'arsenal des galères. Celles qui ornent le Quai de Rive-Neuve sont d'égale symétrie, et ont devant elles la célèbre Machine qui sert à mâter les vaisseaux.

Quelques étrangers peu instruits des causes qui ont amené toutes nos réformes et nos *démolitions*, sont surpris que Marseille n'ait ni portes ni murs ; sans ce signe de force et de grandeur, ils ne voient plus qu'un village, à la vérité grand et magnifique, mais toujours un village. Nous ne combattrons point ce sentiment auquel nous tenons un peu nous-même, mais nous leur répondrons que nous avons de quoi nous défrayer de la perte de nos murs par les Boulevards qui en ont pris la place, et qui, du sommet de la montagne Bourbon jusqu'à la porte de la Joliette, offrent une promenade ombragée et bien agréable. Cette montagne présentait beaucoup d'obstacles à son embellissement, on les a surmontés à force de travail ; on a coupé des rochers et pratiqué des chemins assez doux, assez larges, pour en faciliter l'accès au public. On court y respirer un air pur et y jouir du point de vue le plus varié dans la belle saison.

Au pied de cette hauteur et à la tête du premier boulevard, s'élève une colonne. Ce monument a été élevé l'an 1801.

La commune d'Aix partageant les sentimens de celle de Marseille, a donné le fût de la colonne.

Cette colonne antique de granit oriental, a été exécutée en marbre blanc, ainsi que les bas-reliefs, par Mr. Chardigny, ancien pensionnaire de l'école des beaux-arts à Rome; elle est entourée d'une grille en fer.

Au bas du monument est une fontaine.

Tout près de là est le chemin pierreux qui conduit au fort de N. D. de la Garde, dont nous avons parlé à l'article des vieux monumens, et que nous ne rappelons ici que pour avertir l'étranger du spectacle riche et varié qu'il présente : On y voit Marseille assise autour du Port, un terroir peuplé de *bastides* et couronné au loin par de hautes montagnes, le Château-d'If, les îles de Pomègue, de Ratoneau, la mer et une horison immense. C'est de cette position heureuse qu'on signale les convois et les vaisseaux.

Comme il n'y a pas de meilleur chemin que celui par lequel on est monté, il sera bon de le suivre pour rejoindre le point d'où l'on est parti.

En quittant le cours Bourbon, on a à sa gauche une maison très-commune qui sert d'arsenal, et l'on se trouve bientôt au tournant qui conduit à l'ancienne porte Paradis. La place qu'elle occupait, porte un monument qu'on peut découvrir de fort loin : il consiste dans une belle fontaine construite sur les dessins de Mr. Desfougères, Ingénieur en chef du Département. On y voit un piédestal sur lequel s'élève une colonne antique de beau granit, surmontée d'une figure en marbre représentant le Génie de la Santé, relevant d'une main le flambeau de la vie presque éteint, tandis que de l'autre il couronne les noms de ceux qui se dévouèrent à une mort certaine, pour secourir les victimes du fléau de la peste. Ce Génie, qui est debout, a quatre pieds et demi de hauteur : il est de la composition de Mr. Chardigny.

Sur le piédestal sont gravées les inscriptions suivantes :

1.re Inscription. *Ce Monument a été élevé l'an 1802.*

2.e Inscription. *A l'éternelle mémoire des hommes courageux, dont les noms suivent : Langeron, Commandant de Marseille ; de Pilles, Gouverneur-Viguier ; De Belzunce, Évêque ; Estelle, premier Échevin ; Moustier, Audimar, Dieudé, Échevins ; Rose,*

Commissaire-général pour le quartier de Rive-Neuve ; Milley, Jésuite, Commissaire pour la rue de l'Escale, principal foyer de la contagion ; Serre, Peintre célèbre, élève de Puget ; Rose l'aîné et Rolland, Intendans de la Santé ; Chicoineau, Verny, Peyssonel, Montagnier, Bertrand, Michel et Deidier, Médecins ; ils se dévouèrent pour le salut des Marseillais, dans l'horrible peste de 1720.

3.e Inscription. *Hommage à plus de cent cinquante Religieux, à un grand nombre de Médecins, de Chirurgiens, qui moururent victimes de leur zèle à secourir et consoler les mourans.*

Leurs noms ont péri ! puisse leur exemple n'être pas perdu ! puissent-ils trouver des imitateurs, si ces jours de calamité venaient à renaître !

4e Inscription. *Hommage à Clément XI qui nourrit Marseille affligée ! hommage au Rais Tunisien qui respecta ce don qu'un Pape faisait au malheur !*

Ainsi la morale universelle rallie à la bienfaisance les hommes vertueux que divisent les opinions religieuses.

Ce faubourg de la porte Paradis, que l'on a à sa droite, présente quelques belles maisons, mais n'a rien de remarquable ; on continue de suivre le boulevard dans ses sinuosités, et l'on arrive à l'entrée imposante de la Ville de Marseille par la rue de Rome. Une place assez vaste l'annonce. Le seul édifice remarquable est celui du Poids de la Farine. La principale rue du faubourg est spacieuse et se termine au loin par la fontaine de la place Castellane : on y a élevé, en 1812, une Pyramide qui convient à ce beau quartier et qui forme un coup d'œil unique.

La porte d'Aubagne, c'est-à-dire l'entrée de la Ville par cette rue, communique avec la rue de Rome par le boulevard Fongate. Celle-ci est en plaine, et l'autre se trouve sur la hauteur du quartier des Minimes dont nous avons déjà parlé : le chemin de l'une à l'autre est montant, pénible ; c'est l'endroit des Boulevards le plus rude ; une fois franchi, l'on peut se reposer sur le cours Julien et se rendre ensuite, par une pente plus douce, à la porte des Fainéans, après avoir passé devant celle de Noailles.

On aurait cherché vainement une position plus heureuse que celle du monument qui décore tout à la fois les Allées, le Boulevard et la place des Fainéans. On l'aperçoit des deux extrémités du Boulevard, des trois rues qui y aboutissent, en partant du Cours et du plus haut des Allées. C'est encore une fontaine dont le bassin de forme ronde, en pierre de taille, reçoit les eaux d'un bassin supérieur. Dans le milieu un piédestal porte une colonne de granit oriental, dont le chapiteau est surmonté d'un globe terrestre. Les tables qui sont en marbre comme le piédestal, présente des inscriptions. On lit sur celle qui regarde le levant :

Ce Monument a été érigé l'an 1803.

Les vers suivans sont gravés sur celle qui fait face au couchant.

AU PEUPLE MARSEILLAIS.

Peuple, par tes travaux que le besoin active,
Change ton sol ingrat en fertiles guérets ;
Arrache à tes rochers et la figue et l'olive,
Le nectar de Bacchus, les épis de Cérès.
Que la sage Minerve, au sein de tes remparts,
Anime l'industrie, éclaire tous les arts.
Que sur ton frêle esquif le prud'homme intrépide
Aille ravir sa proie au gouffre de tes mers.
Que tes nombreux vaisseaux, dans leur course rapide,
Portent à cent peuples divers
Les produits de ton sol et de ton industrie.
Par d'abondans retours enrichis la Patrie ;
Qu'un Gouvernement protecteur,
Au dedans des partis enchaînant la furie,
Maintenant au dehors la paix et l'harmonie,
Assure aux Marseillais vingt siècles de bonheur.

Elle a été décorée depuis peu de deux bas-reliefs en marbre, représentant la pêche et la récolte des olives. Ces deux morceaux, qui font l'admiration des connaisseurs, sont de Mr. Chardigny.

De la place même où est ce monument, on voit au nord la fin des Boulevards, qui ont été prolongés, en 1813, jusqu'à la porte de la Joliette. Ce faubourg n'offre rien qui soit digne de l'attention de l'étranger, si ce n'est l'avenue assez spacieuse de la porte d'Aix, qui est heureusement terminée par une place ornée de deux petites fontaines entre le Faubourg et la Ville.

Le zèle ardent et éclairé de notre Maire pour ce qui regarde l'utilité publique et les embellissemens dont est susceptible cette Cité, ne nous permet pas de douter que cette place ne soit ornée par ses soins, lorsque les circonstances le permettront, d'un Monument digne de l'entrée d'une des premières Villes de France, et qu'on ne fasse disparaître tous les aqueducs qu'on y voit. Ces aqueducs ne flattent pas les regards de l'étranger qui arrive par cette porte dont la simplicité ne semble annoncer que l'entrée d'un bourg.

Nous pensons qu'on pourrait avantageusement placer un bel arc de triomphe au milieu du chemin qui conduit de la porte d'Aix au faubourg St.-Lazare. On graverait sur cet arc de triomphe les belles actions de l'auguste Famille Royale des Bourbons, principalement celles de notre bon Roi, lors de son heureux avènement en 1815. On y graverait aussi les beaux traits de dévoûment que tous les bons et fidèles habitans de la Ville de Marseille montrèrent les 14 Avril 1814 et 25 juin 1815, lorsqu'ils apprirent l'heureux retour des BOURBONS dans la Capitale; on y lirait que Marseille a été une des premières Villes du Royaume de France qui ait arboré le Pavillon des Lis.

Nous laissons aux soins des artistes la gloire d'ennoblir nos idées; ils ne pourront cependant exprimer que faiblement l'amour des vrais Marseillais pour leur Souverain légitime.

Rien n'est comparable au beau coup d'œil que présente Marseille, en arrivant. Une perspective de près d'une demi-lieue, embellie de maisons alignées et d'une architecture agréable, un concours de monde que l'éloignement fait paraître plus considérable encore, tout vous donne, dès l'abord, l'image d'une Ville qui était jadis opulente, habitée par un peuple toujours en action ; et ces idées de richesse et de travail unies ensemble, satisfont l'ame du philosophe observateur qui sait par lui-même que le bonheur et l'oisiveté n'ont jamais habité ensemble.

Le quartier de la Magdelaine renferme la belle Église des ci-devant Chartreux, qui sert aujourd'hui de Paroisse, située à un quart de lieue de Marseille, et que les curieux ne manquent jamais de visiter. On admire sur-tout sa façade. Le péristyle est formé de huit colonnes ioniques d'une proportion achevée, et terminée par un entablement sur lequel sont huit socles qui correspondent aux huit colonnes, mais qui n'ont pas encore porté de statues. La partie supérieure est ornée de quatre pilastres d'ordre corinthien d'un très-bon goût; au-dessus est un attique qui portait une croix. Les deux campanilles qui s'élèvent sur les côtés de la nef et dans le fond, sont frappans par leur hardiesse, et ne contribuent pas peu à relever la majesté de l'édifice. Ce monument a été réparé depuis peu.

Le Jardin des Plantes, ci-devant dans l'enclos des Bernardines, est actuellement près de l'Église des ci-devant Chartreux. Quoique imparfait encore, il renferme néanmoins un grand nombre de plantes indigènes et exotiques. Cet établissement a reçu à juste titre le nom de *Jardin de naturalisation*. Il est destiné, en effet, à naturaliser les plantes qui pourront s'acclimater dans les départemens méridionaux. La direction de ce jardin est confiée à Mr. Lacour-Gouffé, qui cultive depuis long-tems la botanique par goût.

Nous venons de mettre sous les yeux du lecteur ce que la nouvelle Ville de Marseille renferme de plus remarquable. On sent bien qu'un examen plus approfondi de matières et de détails, nous aurait nécessairement jeté au-delà des bornes que nous nous sommes prescrites. Nous pensons que ce que nous avons dit des beaux quartiers, doit suffire pour les faire connaître sous les rapports qui intéressent le plus.

CHAPITRE VI.

Vieux Quartiers.

La plupart des étrangers qui arrivent à Marseille, ne connaissent guères de cette Ville que les nouveaux quartiers; ils ne prennent point la peine de visiter les vieux, leurs affaires ne s'y trouvent pas. C'est dans la nouvelle Ville que logent les Négocians, les gens en place, et que les étrangers y sont eux-mêmes logés, visités, fêtés; ils y trouvent la bonne société, les plaisirs, le bon ton, la comédie; pour eux c'est là Marseille: ils comptent pour rien quelques quartiers pauvres, sales et mal habités. C'est une prévention que nous devons détruire. En effet, c'est l'ancienne Marseille qui est la Ville des Phocéens, la mère-patrie des Marseillais leurs descendans; c'est elle qui a étendu son nom, accru son commerce et les a rendus tous les deux célèbres; les nouveaux quartiers ne sont que des accroissemens, ou tout au plus des témoins de ses succès. Marseille n'est donc pas toute entière dans ses beaux quartiers, elle est encore dans ses premières habitations que l'étranger doit connaître, s'il veut emporter l'idée de sa longue existence, de sa renommée, de son commerce, etc. Parlons-en succinctement, et pour le faire avec ordre, distinguons dans cette Ville deux parties, l'une sur la montagne et au nord; l'autre dans le bas, voisine du Port, et au midi; l'une et l'autre assez naturellement séparées par la Grand'Rue qui au levant touche au Cours par la rue de la Draperie, et au couchant joint la mer par la rue de l'Observatoire.

Cette portion de la Ville au nord était autrefois la plus peuplée. Elle l'est encore beaucoup dans les quartiers des Carmes, de l'Oratoire, de la Trinité et dans le nombre prodigieux de traverses qui les croisent. Insensiblement les habitans aisés abandonnent ces tristes demeures et se portent dans les beaux quartiers, pour y être mieux logés et plus à portée de leurs affaires. De la porte d'Aix à celle de la Joliette, des rues étroites et sales longent les remparts et sont occupées par des ouvriers savonniers, corroyeurs, etc. Cette vue n'a rien d'agréable. Avant donc de quitter la porte d'Aix, le voyayeur, après avoir vu le grand bassin qui reçoit les eaux des aqueducs de cette porte, et les distribue sur les différens points de Marseille, pourra, sans se fatiguer, atteindre le haut de la colline par la rue des Carmes, et se rendre à la porte de la Joliette par des pentes assez douces. Outre le monastère des ci-devant Présentines et son vaste jardin, il trouvera sur la même élévation l'Église du Mont-Carmel, une des Paroisses de la Ville. Les bâtimens qui logaient les Religieux, ont été démolis et vendus. Dans la même rue, il reconnaîtra la maison de Milon qui s'annonce par une effigie en relief et dans le costume antique.

Il faut nécessairement descendre pour trouver la place Lorette, qui conduit à la Charité. C'était là que logaient autrefois les Servites, et, un peu plus loin, les femmes du monde, suivant le proverbe provençal : *Lei fios dé Laurélo pouedoun pa couchu souletos.*

L'hôpital de la Charité est voisin de cette place. La première pierre de cet édifice fut posée le 24 juin 1640, en présence du Conseil de Ville, qui prenait encore à cette époque le titre de *Senatus populusque Massiliensis*, à l'exemple des Romains, comme il paraît par les lettres gravées sur cette même pierre S. P. Q. M. Cette maison qui est de forme carrée, se compose de deux ailes de bâtiment, entre lesquelles se trouve l'Église qui a la figure ovale; elle est du célèbre Puget. L'extérieur n'a rien qui arrête les regards. La grande Observance située derrière cet hôpital, aurait plus de droit à notre admiration, si ce grand corps d'édifice avait été achevé ; les arts ont à regreter qu'il ne l'ait pas été.

A cent pas de cette ébauche et du côté du nord, l'antique porte de la Joliette s'offre à la vue. Ce monument de plus de vingt siècles s'appuye sur les murs de la Ville qu'on vient de démolir, qui étaient d'une plus fraîche date. Lorsqu'on est arrivé sous cette porte, il suffit de lever les yeux pour voir le Lazaret sur la hauteur. C'est dans sa vaste et double enceinte que les marchandises venant de certaines Échelles, sont transportées pour être purifiées, et que les passagers sont reçus pour faire une quarantaine plus ou moins longue. Les Intendans de la Santé à Marseille furent autorisés avant la révolution à faire frapper des jetons que la Patrie pût regarder comme monument historique : parmi les emblêmes et les attributs dont ils étaient ornés, ils portaient cette légende : *quam hospitio excipit arce*, allusion ingénieuse à la peste à laquelle le Lazaret donne asile, afin de la resserrer, de peur qu'elle n'aille infecter l'Europe. C'est le plus bel établissement de ce genre qui existe; il a été construit en 1666. L'étranger pourra, muni d'une permission et avec les précautions d'usage, jeter un coup d'œil sur la galerie, les hangards, les cours, les salles de ce domaine de la santé, et rentrer dans la Ville par la même porte.

La rue de l'Évêché est ici la seule qui se présente; Étienne de Puget, alors Evêque, y fit bâtir le Palais Épiscopal qui lui a donné le nom qu'elle porte. On la nommait anciennement rue Française, du nom de Porte Galle, *Porta Gallica*, parce que c'était à cette porte, aujourd'hui la Joliette, que prenait la route de France. Elle se termine à la place de Lenche. A la droite est la rue du Cimetière, plus déserte que celle-ci, et qui joint celle de la Major. Cette dernière n'est qu'un chemin qui conduit à l'ancienne Cathédrale dont l'Eglise est isolée, sur les bords de la mer, et n'a pour toute richesse que son nom.

Nous avons laissé sur la gauche ce qu'on appelle *les 13 Cantons*. Autrefois les auberges étaient à l'entrée de la Ville comme elles le sont de nos jours: un aubergiste avait mis pour enseigne: *Aux Treize Cantons Suisses*, ce qui donna le nom à cette petite place ornée d'une fontaine au milieu. On y avait anciennement bâti une Chapelle de

Ste. Magdelaine, en mémoire de la première prédication de St. Lazare qu'on dit avoir été faite devant la porte du Temple de Diane. Comme c'est une étoile d'où partent cinq à six rues, nous reviendrons y prendre celle qui conviendra le mieux pour nous reporter dans la Ville.

Les principales rues voisines des remparts jusques à la place de Lenche, sont celles de la Foire, de Ste.-Françoise et de St.-Joseph, coupées par celle du Four du Chapitre. La première n'est pas longue, mais elle est assez large : on y tenait la foire de St. Lazare; ce n'est que depuis 1747, que les marchands ont porté leurs cabanes sur le Cours. La dernière est ainsi appelée d'un four que le Chapitre y avait fait construire pour son usage, dans le tems où il vivait en commun. Elle est étroite et conduit au couvent des Repenties que le peuple appelait la *Galère*. Cette vaste maison dont l'Église a été conservée comme Oratoire, sert d'asile à quelques Religieuses Capucines qui vivent d'aumônes. Mais comme la plupart de ces rues sont dirigées vers l'Observatoire au midi, l'étranger ne peut parvenir par elles au centre des habitations qui sont au levant; il faut donc aller prendre une des rues que présentent les Treize Cantons. Celle du Panier, dont le nom rappèle encore une enseigne, paraît la plus douce, en même tems qu'elle tient, jointes à celle des Belles-Écuelles, de l'Oratoire, des Châtaignier, etc., le juste milieu des quartiers les plus importans. Elle donnera lieu d'observer sur la droite les rues des Moulins, de l'Horloge, etc., dont les noms indiquent les lieux élevés où l'on se trouve; celles de Négrel, du Prat, de l'Aumône, de la Roquette, etc., qui se terminent à la Grand'Rue; et sur la gauche, les Rues du Puits-du-Denier, des Cordelles, des Grands-Carmes, de la Fontaine-Neuve, etc., qui se dirigent vers les quartiers du nord.

C'est un peu au-dessous des Moulins et vers le midi, que sont assis sur le penchant de la colline l'Hôpital du St. Esprit et les Accoules; on se détournera tant soit peu pour visiter ces monumens. L'escalier de cet Hôtel-Dieu, construit en 1781, est un ouvrage hardi et très-estimé. Son Eglise assez fréquentée et la seule dans ce quartier, n'a rien de curieux. La Commission administrative des Hospices a fait placer dans une des salles de cet Hôpital, où elle tient ses séances, le portrait de feu Mgr. le Cardinal de Belloy, Archevêque de Paris, dernier Évêque de Marseille, que ce Prélat lui avait envoyé, en l'accompagnant d'un don de 1000 fr. pour les pauvres. Le clocher des Accoules qu'on a devant soi, est, comme nous l'avons déjà dit, le précieux reste d'un beau Temple gothique; mais ce temple, ses décorations, ses chefs-d'œuvres de peinture et de sculpture, tout a croulé à la voix du génie destructeur qui plana si long-tems sur la France à la fin du 18.e siècle. Ce fut dans une Chapelle des Accoules que se passa un fait trop intéressant pour la Patrie, trop honorable pour ne pas trouver place ici.

Alphonse d'Arragon assiégeait Marseille en 1422. Les Dames de la Ville craignant pour leur vertu, se réfugièrent aux Accoules, y délibérèrent sur les moyens de préserver leur honneur de la brutalité des soldats, et députèrent au Roi trois Dames prises parmi elles. Mesdames la courageuse *Adagane*, la hardie *Ronceline* et la belle *Chateauneuf* en imposent au conquérant par leur courage, leur hardiesse et leur beauté. Elles lui offrent leurs bagues et joyaux, à condition de *conserver leur pudicité, si mieux il n'aime leur permettre de se défendre avec la dague et le coutelas à la main.* Étonné d'une action aussi héroïque, Alphonse leur accorde ce qu'elles demandent, et s'abstient même de toucher à leurs effets précieux.

Nous croyons faire plaisir au lecteur que de rapporter ici deux autres faits.

Lors du siège de Rome par les Gaulois, elles y envoyèrent leurs bijoux dont elles s'étaient dépouillées pour la secourir. Pendant celui de Marseille par Caraumandus, l'an du monde 3740 avant notre ère, elles coupèrent leurs cheveux pour fournir des cordes aux arcs des assiégés. Ceux qui connaissent l'amour des Françaises pour la parure, conviendront qu'elles ne pouvaient faire de plus grands sacrifices.

Il est peu de Villes qui puissent se glorifier comme Marseille, d'avoir leur histoire remplie de faits héroïques aussi multipliés de la part du beau sexe.

A proprement parler, il n'y a plus à Marseille qu'une horloge, et c'est la flèche des Accoules qui renferme cet unique dépôt. On conçoit à peine cet oubli pour le rétablissement d'un objet aussi nécesaire au commerce de la vie.

Avant d'arriver à l'Oratoire, on trouvera à gauche la Fontaine-Neuve, du nom de cette rue où demeurait la fille Regaillette, à qui sa rare beauté avait fait donner le surnom de Belle. Louis XIV vint à Marseille en 1660, et, sur la réputation de galanterie du Monarque, les parens de cette fille prirent l'alarme et avaient delibéré de la tenir renfermée dans un tonneau pendant tout le tems que la Cour resterait à Marseille (*). La simplicité de ces bonnes gens passa en proverbe, et les personnes du peuple disent encore à toute jeune fille que les parens surveillent avec trop de sévérité : *Aqui la belo Regailletto.* Voilà la belle Regaillette.

Vient ensuite l'Oratoire. On y verra des ruines de 1793. Plus loin et du même côté, on aperçoit la Fontaine de la Samaritaine, représentation grossière, mais qui ne donnait pas le droit de la mutiler. Tout près de là est le carrefour du Cheval Blanc. Ce sont toujours des fontaines et des lavoirs qui font l'honneur de ces quartiers misérables ; on en descend malgré soi trop rapidement, et l'on arrive par les rues de la Campane, ou les traverses du Cheval Blanc, au couvent des

(*) On assure également que les plus belles filles furent enfermées dans des monastères, ce qui excita les plaintes de la Cour.

Prêcheurs, aujourd'hui caserne de la gendarmerie. Il a beaucoup moins souffert que l'Église, qui a été rendue à sa première destination, et qui trouve dans le zèle inappréciable de son Pasteur les ressources nécessaires à l'entretien de son culte et de tout l'édifice. C'est la plus vaste de la Ville. L'architecture y a pris différentes décorations. Le Grand-Autel appartenait au couvent des Bernardines : il est très-remarquable par sa beauté et sa richesse. Quatre colonnes corinthiennes portent une architrave en demi-cercle couronnée par une gloire ; des groupes d'Anges la soutiennent et attachent des guirlandes. Toute la décoration est en marbre de différentes couleurs. Le portail est magnifique et formé des ordres ionique et toscan ; huit colonnes groupées qui frappent l'œil par leur proportion, portent un entablement bien décoré ; les trophées jetés sur la frise sont aussi d'un bon goût. Par-desssus et dans le milieu règne une balustrade en pierre ; de forme circulaire, et aux deux extrémités sont placées deux figures colossales représentant deux Pères de l'Église. Au-dessus du premier ordre quatre colonnes portent un second entablement, et par-dessus est un attique terminé par des vases d'amortissement couronnés de flammes, avec une croix dans le milieu. La régularité de la place des Prêcheurs qui a aussi sa fontaine, semblerait exiger qu'on abattît quelques maisons qui masquent tellement cette belle façade, que l'entrée du temple n'est pour ainsi dire pas libre.

Cette Église a servi de Temple de la Raison sous la *tyrannie* de ROBESPIERRE.

Le clocher est une tour carrée qui a pour soutien et pour ornement des colonnes espacées d'ordre corinthien ; on en fait le tour par une petite galerie découverte et ornée d'une balustrade en fer. Au plus haut on aperçoit la cloche de l'horloge de la Ville totalement dérangée.

Le quartier des Prêcheurs est dominé par la colline et par des rues de traverse qui conduisent aux logemens les plus pauvres de Marseille. Une d'entr'elles se nomme l'*Escale*, foyer de la peste de 1720, et mène aux Grands-Carmes comme par une échelle. Celle du Moulin-d'Huile est toute occupée par des fripiers. Les rues neuve St-Martin, des Pénitens Bleus, de Belzunce, etc., sont plus belles, et l'on y tient aussi la friperie. Il faut remonter la rue Ste.-Barbe jusqu'au lavoir, et entrer dans celle des Incurables pour remarquer l'hôpital de ce nom qui sert aujourd'hui de caserne, et la Poissonnerie neuve du grand Puget. Vingt colonnes ioniques, admirables par leur légèreté, font de cette halle un monument digne de l'attention des connaisseurs. L'eau toujours nécessaire dans ces sortes d'établissemens, se puise aux quatre coins de cet édifice. Ces colonnes qui depuis quelque tems offraient de grandes dégradations, viennent d'être restaurées. De là on communique par une rue fort courte avec la place du Mont-de-Piété, qui n'a pour ornement que le bâtiment neuf et assez vaste de ce nom. On y prête sur gages moyennant un modique intérêt. Cet utile établissement est dû à un gentilhomme Marseillais, nommé Jean du Puget, qui, en 1695, légua par son testament 60 mille livres pour cet objet.

La petite place de St. Martin n'est en quelque sorte qu'une continuation de celle du Mont-de-Piété. L'Église de St. Martin, dont nous avons parlé à l'article des *Établissemens Religieux*, est l'Église Majeure, la première Paroisse de Marseille. On y voit plusieurs nefs dont la disposition est tout-à-fait bisarre; on ne remarque que son portail d'ordre corinthien, qui aurait besoin d'être restauré.

Si, au lieu de remonter la rue Ste.-Barbe, à qui une Chapelle en l'honneur de cette Sainte a donné le nom, on voulait la descendre, on aurait à la gauche la place Jean Guin, ainsi appelée du nom d'un particulier à qui le sol appartenait, l'une des plus fréquentées, non-seulement parce qu'elle joint, comme nous l'avons dit, la Grand'rue, mais encore parce qu'elle sert de marché et qu'on y vend tous les matins le gibier, la volaille et les œufs. Elle a un lavoir et une fontaine.

Les rues du Grand-Puits et des Pucelles finissent de compléter avec quelques traverses la revue de la première partie des vieux quartiers. Après celle-ci il n'y en a plus effectivement qui appartienne à ce premier chapitre, puisque nous lui avons donné pour limites la rue de la Draperie, etc. Celle du Grand-Puits faisant face à l'Église de St. Martin, est assez belle : vers le milieu, à l'angle du carrefour, est le *Grand-Puits*, nom qui le distingue de beaucoup d'autres qu'on rencontre dans la Ville, et dont l'eau n'est pas d'une source aussi pure. Enfin, la rue des Pucelles est tirée au cordeau et aboutit à la place du Mont-de-Piété; les marchands de salaisons y ont leurs magasins. Le nom singulier de cette rue vient d'une auberge ancienne où l'on voit pour enseigne deux filles armées d'une épée. L'hôtel de la Croix de Malte se trouve dans le milieu.

CHAPITRE VII.

Continuation du même sujet.

Il nous reste à décrire la partie de la Ville la plus peuplée et peut-être la plus importante. Elle a toujours été et elle est encore le centre du commerce de détail. C'est elle qui fournit les Marins, et qui renferme les Chapeliers, les Armuriers, les Caissiers, les Tonneliers, les Teinturiers, les Chaussetiers, les Cordiers, les Layetiers, et cette réunion d'ouvriers en tout genre si nécessaires au commerce, et qu'on chercherait en vain dans la nouvelle Ville. Elle est aussi le siège du Palais et la demeure des gens d'affaires. On sent combien il importe aux personnes qui ont des procès à suivre, de connaître au moins les quartiers et les rues habités par les Avocats et les Procureurs.

Nous renfermons en quatre cercles

la partie méridionale de la vieille Ville qui s'étend depuis le Cours jusqu'au fort St.-Jean, et nous comprendrons dans le premier les rues de la Grand'Rue, de la Pierre-qui-rage, de l'Étrieu, du Beausset, des Fabres, des Templiers, du Pavé-d'Amour, du Petit-Soulier, et les places des Hommes, de Maronne et du Cul-de-Bœuf, jusqu'aux Augustins.

La Grand'Rue voisine du Cours est fort marchande, comme le nom l'indique. Elle communique à la place des Hommes par la rue du Petit-Soulier dont le nom indique encore le genre de commerce qui s'y fait; mais cette place n'est qu'une rue un peu large, au bas de laquelle se trouvent deux autres rues; celle qui est à gauche prend le nom de Pavé-d'Amour et aboutit à la Canebière presqu'en ligne droite; elle est assez belle, et les marchands de verres y ont leurs magasins : celle qui est à droite n'est que la continuation de la rue du Grand-Puits qui, arrivée à cet angle, se nomme *Pierre-qui-rage*, et se dirige vers le Port. Ce nom patois vient de ce que l'eau d'une petite fontaine coule en cet endroit d'une pierre qu'on a percée.

La place Maronne est petite, mais très-agréablement située près du Cours (*), avec une fontaine. Elle a à sa droite la rue de l'Étrieu, et à sa gauche celle des Fabres qui finit au Cul-de-Bœuf. Celle-ci est peuplée d'artisans, de Forgerons, de Couteliers, de Chaudronniers, de Balanciers, comme son nom du latin *Faber* le fait assez entendre.

La rue des Templiers, ainsi nommée parce que la maison de ces Chevaliers s'y trouvait, est tirée du nord au sud en sens contraire des précédentes. Elle est large et bien pavée, avantage que n'ont pas les rues des vieux quartiers. C'est le passage ordinaire des Charrois pour le transport des caisses, colis, tonneaux, balles, etc., qu'on doit embarquer.

La place du Cul-de-Bœuf fut d'abord le chantier de construction des navires: on le transporta ensuite en Rive-Neuve qui offrait un local plus grand. Le nom de cette place ne vient point de

---

(*) On avait élevé en 1793, entre le Grand Cours et la place St.-Louis, un espèce d'autel à quatre faces, qu'on nommait *Autel de la Patrie*. Là était une statue indécente représentant la Déesse de la Liberté, aux pieds de laquelle les Jacobins allaient les jours de leurs fêtes bachiques se prosterner et chanter des odes anarchiques. Le tout a été détruit en 1795.

ce qu'elle a la forme d'un cul de bœuf, mais de ce que les entrepreneurs des vivres des galères y faisaient vendre les abattis des bestiaux égorgés pour le service de l'arsenal, et une fois bouillis, la vente en était annoncée par ce cri : *Oou cuech dé buoou*; c'est-à-dire, au bœuf-cuit. La belle façade élevée depuis peu sur l'emplacement du couvent des Grands-Augustins, fait son principal ornement.

L'Église de St. Ferréol, une des trois Cures de Marseille, se trouve entre cette place et la rue Pierre-qui-rage. C'est l'ancienne Église des Augustins dans laquelle on a transféré le service de St. Ferréol que nous avons dit avoir été rasée. On a pris une partie de la nef de cet édifice, pour former une rue, et cette espèce de larcin, en diminuant la longueur du vaisseau, en a trop étendu la largeur, ce qui a fait que cette Église ressemble assez à une grande salle ornée de Chapelles. C'est, proprement dit, l'Église des marins.

Le second cercle est celui de la place Neuve, où sont comprises la Grand'Rue, celles de la Coutellerie, de la Loge, de St.-Jaume, de la Salle, des Consuls, de la Rose, de Ste.-Anne, de la

Bonneterie, la rue Torte et autres; la Poissonnerie veille, la place du Petit-Mazeau, etc.

La Grand'Rue et la Coutellerie sont remarquables dans ce quartier. La première est étroite, à la vérité, mais elle est très-marchande et presqu'en ligne droite, depuis le Cours où elle commence, jusqu'au Palais où elle finit. La seconde est moins longue, mais plus spacieuse, ornée de belles maisons et aboutissant à la place Neuve. Ce sont là les beaux quartiers en quelque sorte de la Ville vieille. Ces deux rues communiquent par d'autres rues traversières, dont les principales sont celle de St.-Jaume qui présente les ruines de l'Église Ste. Anne, à côté de laquelle était le Collège de Belzunce et le siège du Tribunal de Commerce; des Consuls, où l'Officier Victor fut amené pour offrir de l'encens à la Déesse Minerve qui y avait son temple; de St. Victoret, de la Salle, de la Mûre, qui a une fontaine avec un lavoir; de la Croix-d'Or, de la Rose, de la Bonneterie qui conduit à la vieille halle; de la Guirlande par laquelle on va à la place du Petit-Mazeau, etc. Cette halle et cette place sont peu de chose; l'une est ancienne dans la Ville, et n'a rien de remarquable que ses quinze colonnes toscanes. L'autre n'est pas éloignée de là ; de jeunes arbres et une fontaine dans le milieu suffisent à sa décoration.

En descendant vers le midi, on trouve la rue de la Loge parallèle à celle de la Coutellerie , et la place Neuve entre-deux. Cette place est assez régulière : elle est bordée d'arbres , et les quatre coins sont occupés par des dauphins qui donnent de l'eau. Ces sortes de fontaines en pain de sucre sont très-communes à Marseille dans les vieux quartiers.

La donation du sol de la place Neuve fut faite par J. de Village , Conseiller du Roi René , en 1458.

Entre la rue des Aufliers où logent les marchands de spartes , et celle de Jérusalem qui longe le Port , est la fontaine Ste. Anne , fort connue des matelots.

En continuant d'avancer vers le couchant , on entre dans le troisième cercle , celui du Palais , qui comprend l'Hôtel-de-Ville , l'Observatoire , la place de Lenche , la rue Caisserie , la place de Vivaux , les rues Bouterie , Lancerie , jusqu'au coin de Cabriés.

L'Hôtel-de-Ville est dans Marseille un monument trop connu pour nous arrêter à en louer l'architecture et les beautés de détail. La Bourse et la grande Salle sont, après la façade, ce qu'il y a de plus remarquable dans ce bel édifice. Pour monter aux différentes salles, on a pratiqué par-derrière un double escalier où l'on voit *Libertat* représenté debout, revêtu de l'habit de son grade. On croit que l'épée qu'il tient à la main est celle qu'il trempa dans le sang du rebelle Casaulx. Deux Tableaux de la peste de 1720 (*), par Serre, élève de Puget, Marseillais, le fameux écusson des armes du Roi, par Puget, le triomphe du Commerce de Marseille, par Defaudran, Marseillais, et autres représentations faites par les meilleurs maîtres, excitaient autrefois l'admiration de tous les connaisseurs. Une partie de ces chefs-d'œuvres ont été brisés par le génie destructeur de 1793. Mr. notre Maire a eu soin de faire restaurer, depuis quelque tems, toutes les parties de l'édifice qui avaient le plus souffert, et a fait disparaître ces signes affreux de mort, *vivre libre ou mourir* dont

---

(*) Ces tableaux qui ornent aujourd'hui la salle du Conseil Municipal, étaient autrefois placés dans la grande salle où ils étaient plus à portée du public et des étrangers.

s'honorèrent long-tems de grands coupables ; nos yeux se reposent avec attendrissement sur les Lis et le buste de notre bon Roi qui les remplacent.

Marseille doit aussi à cet infatigable Magistrat la restauration de plusieurs monumens et édifices publics qui tombaient en ruine, la continuation de divers embellissemens et le maintien de la bonne police.

Le Palais de Justice, démoli en 1745, parce qu'il tombait en ruine, fut reconstruit aux dépens de la Communauté, tel que nous le voyons. On distingue la façade dont le dessin est simple, mais correct : Thémis y paraît assise avec ses attributs. Cet hôtel est couronné d'un fronton.

Le Palais (*d*) est le siège du Tribunal de première instance ; il sert aussi de maison d'arrêt. Les rues de la Prison où se trouve la maison du *Diamant*, la seule à Marseille de ce genre d'architecture, et de la Reinarde qui n'offre rien à voir, sont celles qu'on suit ordinairement pour y arriver lorsqu'on se trouve près du port. Il a devant lui une petite place avec une fontaine, et l'Hôtel-Dieu ; à droite la Grand'Rue, et à gauche la montée des Accoules et la place des Augustines de Doria ;

où commence la rue Caisserie. En gagnant la hauteur, on se trouve en moins de dix minutes aux portes de l'Observatoire, très-avantageusement situé sur l'éminence, près des Moulins. Cet édifice, qui est entretenu aux dépens du Roi, est annexé à la maison de Ste. Croix. On y verra parmi quelques instrumens, un superbe télescope. La grande salle est décorée du portrait peint du Père Feuillée, Jésuite, et de celui de Mr. de St. Jacques; et des bustes de Galilée, Gassendi, Peiresc, Cook; et des portraits gravés de Saunderson, Flamsteed, Cook, J.me Lalande, Newton, Dalembert et Diderot. A deux pas de cette maison et du côté du couchant, est la place de Lenche où la famille de ce nom bâtit autrefois une très-belle maison. Elle est en pente du nord au midi, et sans autre décoration que quelques arbres qu'on y a plantés. On y aboutit de tous les côtés. On y voit des pans de mur de l'église des Enfans abandonnés, qui a été démolie, tandis que la maison de ces orphelins est aujourd'hui transformée en Collège. Une ancienne Abbaye de St. Sauveur présente d'un autre côté sa façade gothique; ce local devenu inutile sert d'entrepôt, et l'Église a servi de corps-de-garde dans ces derniers tems de calamité. Il y a encore quelques rues ou traverses derrière la place de Lenche, donnant sur les remparts ; la principale est celle de la Filouse qui, pour ce quartier, n'a rien de choquant.

Un étranger qui aura vu la situation de cette partie de la Ville, pourra sortir de la place de Lenche par l'une des deux rues qui font l'angle du côté du midi, où l'on voyait un bas-relief antique représentant un vœu nautique. L'une est la rue de la Caisserie, l'autre qui en renferme bien d'autres dans ce cercle, est celle de Roudeau. La première est une continuation de la rue du Long-Banc, ainsi appelée d'un garde-fou en maçonnerie placé à l'extrémité de la rue Ste.-Croix des Jésuites, et débouche, comme nous l'avons dit, à la place des Augustines près du Palais, place ornée d'une fontaine. Les Caissiers, les Coffretiers, tous ces ouvriers dont les métiers occasionnent du bruit, logeaient dans les rues qui leur avaient été affectées par la police ; tous les magasins de celle-ci étaient occupés par eux, et la rue prit le nom de Caisserie. Elle communique par un grand nombre de traverses avec la rue Bouterie et la place Vivaux qui sont plus basses. La seconde rue par laquelle l'étranger peut sortir de la place de Lenche, est celle de Roudeau, qui va d'une pente un peu rapide aboutir à la rue Lancerie. Le nom de Roudeau, et non pas Radeau, comme on le prononce, est celui d'une famille Marseillaise ; l'on sait que le peuple est en usage de nommer les rues du nom des principaux possesseurs des maisons qui y sont situées.

Nous pouvons dire de la rue Lancerie ce que nous avons dit de celle de la Caisserie. Ce furent des Lanciers, des Arbaletriers, les fabricans d'armes blanches, dont le commerce était considérable à Marseille avant l'invention de la poudre, qui donnèrent à cette rue le nom qu'elle porte. Elle commence au coin de Cabriés, et finit à la place Vivaux, étant parallèle au Port et à la rue Bouterie. Cette rue est assez belle.

Ce qu'on appèle *Coin de Cabriés* est l'angle de Mr. Cipriani, Seigneur de Cabriés, qu'on dit être la maison où le bon Roi René logeait, faisant face sur le Port et sur la rue. Sa structure gothique, ses médaillons d'un côté, ses pilastres corinthiens et sa frise presque effacée de l'autre, le rendent très-remarquable.

La rue Bouterie doit encore son nom aux Tonneliers qui occupaient tous les magasins de cette rue, et qu'on appèle en provençal *Boutiers*. Elle se prolonge bien avant dans le quartier de St. Laurent, et quoiqu'elle ne soit pas tirée sur une ligne bien droite, les maisons qui la parent en font une des premières rues de la vieille Ville. Les traverses qu'elle avoisine sont celles de la Giperie, de la Lanternerie, de l'Amandier, du coin de Reboul, etc.

Une famille Marseillaise très-ancienne, et qui ne subsiste plus depuis long-tems, possédait quelques maisons sur la place Vivaux, et lui laissa son nom. On y voit une fontaine, quelques arbres, et deux maisons très-remarquables par leur architecture. Celle qui est du côté du midi, est décorée de pilastres et de colonnes, et porte le caractère de solidité qu'on attribue à l'architecture gothique. Elle a vis-à-vis d'elle une maison ornée de pilastres canelés, qui fixe moins l'attention des curieux.

Enfin, le quatrième et dernier cercle

de cette grande portion de la vieille Ville, est celui du fort St.-Jean : il se compose du levant au couchant, des rues de St.-Laurent, Remoulats, Fontaine-Rouvière, *Pous-Tapa*, St.-Sauveur, Perdigone ; de la Figuière et d'une partie de celle de Bouterie ; et du nord au midi, des rues et traverses qui les croisent, comme celles des Martegalles, du Ferrat, de Bernard-de-Berre, de la Nuit, des Trois Soleils, de Mayousse, de St.-Pierre, des Tamaris, de la Fontaine de Moyse, de celle de St.-Jean, du coin de Reboul ; et par-dessus la colline, des traverses de la Neige, de Jannetin, de Claret, etc.

Nous n'avons pas beaucoup à nous étendre sur des quartiers d'où le luxe, d'où l'aisance même sont bannis, et qui sont depuis long-tems la retraite des pêcheurs et gens de mer, mais nous parlerons des monumens qui les environnent. Le premier est St. Laurent, Église Paroissiale très-ancienne et l'une des plus régulières de la Ville. Elle est située près de l'endroit où Jules César avait fait bâtir le Château *Babon*, dont l'emplacement s'appèle de nos jours : *lou Casteou Joli*, par corruption de *Castellum Julii*. Sa tour octogone se découvre de loin à cause de sa situation sur l'Esplanade de la Tourrette, qui fut le théâtre où M. Rose, Marseillais, signala son zele par un action vraiment héroïque. C'était là la sépulture des pestiférés en 1720. La place était jonchée de cadavres amoncelés, la plupart en état de putréfaction et au-delà de mille; les forçats qui travaillaient à les enlever, ayant tous succombé, et personne n'osant plus les approcher, un Chevalier de l'ordre de St. Lazare, parcourut les lieux à cheval, demande cent forçats à Mr. le commandant Langeron, fait enlever ces corps, et les fait déposer dans des tours voûtées des remparts. Il fait distribuer à chacun d'eux un mouchoir trempé dans le vinaigre. Ce mouchoir attaché autour de la tête, descendait en partie jusqu'au nez. Il prit cette précaution pour lui-même, afin d'encourager sa troupe. Il fit plus, il mit le premier la main à l'œuvre, les anima par son exemple, et dans un seul jour les cadavres furent ensevelis sous un tas de chaux vive. La plupart de ces victimes immolées au salut public, périrent, et M. Rose eut le bonheur d'échapper à la contagion. Cette action généreuse est consignée dans nos fastes, et a fait le succès d'un tableau (*) devenu un monument honorable pour la famille de M. Rose. (**)

Le fort St.-Jean est en face de la citadelle pour défendre l'entrée du Port de ce côté-là. Louis XIV le fit construire en 1664. Il a pris son nom de l'Église et des logemens qu'y avaient les Chevaliers de l'ordre de St. Jean de Jérusalem. Ses fortifications ont été fort endommagées au commencement de la révolution. Tout le monde sait à Marseille la fin malheureuse qu'y fit le Chevalier de Beausset qui en avait le commandement à cette époque. (*e*)

On y massacra au mois de mai 1795, une partie des individus qui étaient détenus comme complices ou partisans de la tyrannie qui avait si cruellement pesé sur la France et principalement sur Marseille. C'est un évènement tragique qui doit être ajouté à tous ceux sur lesquels l'humanité n'a eu que trop

---

(*) Un de ces tableaux fait par Mr. de Troy, peintre du Roi, se voit au château de Mr. le Comte de Panisse, à Bonneveine.

(**) Il est fâcheux que cette estampe soit devenue rare; elle devrait orner les maisons de tous les Marseillais, et être placée dans toutes les écoles publiques, pour exciter dans le cœur des jeunes gens l'amour de l'humanité par un exemple si digne d'admiration.

souvent à gémir durant nos dissensions civiles.

C'est dans la tour carrée de ce fort que fut enfermé pendant quelque tems Louis-Philippe-Joseph Duc d'Orléans, en 1793.

Ce fort a également servi de prison aux deux fils du même Duc d'Orléans, ainsi qu'au Prince de Conti et à la Duchesse de Bourbon.

A la porte du fort St.-Jean, on voit, bâti sur pilotis, l'hôtel de la Consigne. Cet édifice d'une construction plus solide qu'élégante, a été agrandi de moitié. On peut encore voir dans la salle des Administrateurs, le fameux bas-relief de la peste de Milan, par Puget, représentant St. Charles prenant soin des pestiférés.

La Poissonnerie St.-Jean est le nom qu'on donne à la place qui est devant la Consigne. On y vend les fruits et le poisson. C'est en cet endroit que commencent les quais qui ceignent le Port sous ses différens noms. Les plus beaux sont ceux du Port Royal, de Monsieur, ceux du Canal, du Pont-Tournant, de la Marine, de Rive-Neuve, etc.

Le Port de Marseille est un des premiers ports du Monde, un des plus commodes et des plus sûrs ; il répond parfaitement au commerce immense que fait la Ville de Marseille : il est vaste et peut aisément contenir jusqu'à 1000 vaisseaux : l'entrée en est resserrée, mais son heureuse situation met les navires à l'abri de tous les vents. Ceux qui sont sujets à faire quarantaine, la commencent à l'île de Pomègue et viennent la finir sous le canon de la citadelle. Le Port a la forme d'un œuf un peu alongé : tous les soirs on en ferme l'entrée par une chaîne. Les belles maisons qui le bordent et qui semblent s'élever de dessus l'eau, présentent à la vue de celui qui arrive par mer, un spectacle riche et imposant, un aspect magnifique digne d'exercer nos meilleurs peintres. Depuis quelques années il est question d'élargir et d'embellir le quai, il serait à souhaiter, pour l'utilité publique, que ce projet s'exécutât.

La route aride que nous venons de suivre, les détails dans lesquels nous sommes entrés, ont dû nécessairement jeter quelque monotonie sur notre récit ; nous ne voulons point nous en défendre, mais nous avons cherché à être utiles avant de chercher à plaire.

CHAPITRE VIII.

Population, Caractère, Langue, Luxe, Mœurs et usages particuliers des Marseillais.

On a vu qu'avant la peste de 1720, Marseille contenait 90 mille ames, et qu'à l'époque de la révolution, elle avait regagné ce qu'elle avait perdu par ce fléau. L'inaction des fabriques pendant les orages politiques, les persécutions exercées dans l'intérieur sur toutes les classes des habitans, la cessation totale du commerce, déterminèrent bien des Négocians à se réfugier à Marseille, sur la simple réputation que cette ville avait donné d'elle-même, c'est-à-dire, de son industrie, de ses ressources, de la douceur de son climat, etc. ; et par là sa population fut encore accrue. On peut l'estimer aujourd'hui, d'après des données sûres, à 100 mille habitans, dont la moitié tout au plus est Marseillaise. Qu'on juge des progrès de la population dans cette Ville, parce qu'on lit dans des chartes, qu'en 1696, on y comptait à peine 75 mille âmes.

La bonté, la franchise ont long-tems

formé le caractère principal des Marseillais, on a sur-tout vanté leur affabilité envers les étrangers. On les retrouve encore chez eux, ces précieuses qualités du cœur ; l'infortune et les malheurs n'ontpu en bannir que la joie. Ils sont vifs, quelquefois pétulans (*), si l'on veut, mais francs et sincères, fort attachés à leur commerce et à leur parole.

La vivacité naturelle des Marseillais leur rend chère la culture des arts agréables. La peinture, la poésie, la musique ont ici de nombreux amateurs qui pourraient passer pour des artistes. Tout homme qui possède un talent est bien venu à Marseille.

Les dames sont en général belles, bien faites, agréables, et leurs grands yeux noirs, en exprimant beaucoup de choses, semblent en promettre davantage encore. Elles sont portées pour les fêtes, et surtout pour le spectacle ; elles ont de l'esprit, de la grâce, et sont très-aimables par la douceur et les charmes de leur conversation. Elles ont conservé cette

---

(*) Le Chancellier Letellier, en parlant des Marseillais au Cardinal Mazarin, disait qu'ils avaient beaucoup de feu dans la tête, et point de venin dans le cœur.

politesse, cette aménité qui naît de l'envie de plaire : elles sont d'un caractère doux et liant, d'une urbanité et d'une obligeance infinie, et elles contribuent infiniment à rendre le séjour de leur Ville agréable.

La langue favorite du pays est la Provençale, c'est-à-dire, un composé des Langues Grecque, Italienne, Espagnole et Française, assez dur et pourtant expressif; car depuis que César assujettit Marseille à son empire, il ne resta plus aucun vestige de la langue Grecque qu'on parlait dans cette Ville avec tant de pureté : les habitans tiennent beaucoup à cet idiome patois : il n'y a pas bien long-tems qu'ils n'en connaissaient pas d'autre. Ce n'est que depuis une quarantaine d'années que la Langue Française est généralement accueillie par les Marseillais, et qu'on la parle dans les sociétés. La quantité d'étrangers dont la Ville abonde (nous avons eu occasion de la déterminer) a beaucoup contribué à la répandre : bientôt les parens ont cru de leur devoir, comme du bon ton, d'en exiger l'usage de leurs enfans, en sorte que la langue que l'on parle dans toute l'Europe n'est plus étrangère pour la jeunesse Marseillaise. Nous voyons et nous verrons encore long-tems les gens d'un certain âge, les personnes même d'un certain état, des Avocats, des Prêtres, des Négocians, converser, plaider, prêcher, disputer en patois. Il ne faut pas se flatter de les voir renoncer à une habitude aussi forte, aussi naturelle. C'est leur langue pour toujours.

Il faut distinguer le luxe de la magnificence. La magnificence, a dit un écrivain sensé, est essentielle à un état monarchique, et absolument nécessaire dans les grands États; elle fait éclore, encourage et soutient les arts utiles et agréables; ce n'est point l'orgueil, c'est un caractère noble qui la guide; elle offense d'autant moins qu'elle fait économiser pour pouvoir paraître avec plus d'éclat dans les occasions qui en exigent. Le luxe, au contraire, est insultant, parce qu'il est journellement et frivolement dépensier; c'est la jouissance et le triomphe des petites âmes; il naît et il se nourrit de l'envie ridicule de paraître plus qu'on n'est, en s'égalant par l'extérieur, à ceux qui sont d'une condition au-dessus de la nôtre : créateur et toujours avide de nouvelles superfluités, il nous met hors d'état de soulager les véritables besoins des autres; on y devient insensible, et sa fastueuse ivresse nous rend mauvais parens, mauvais amis, mauvais habitans. Il entretient, dit-on, les manufactures, fait entrer des millions dans le Royaume, par ces modes et ces superfluités qu'il invente sans cesse, et qui se débitent dans toute l'Europe. Eh bien, en supposant que l'argent vaut mieux dans un État que les mœurs, tolérons cette sorte de luxe. Le luxe cependant n'avait point accès chez nos aïeux. L'habit des premiers Marseillais était simple, il n'excédait pas la valeur de cinq écus, et il était commun à tous les états. Les bijoux des femmes ne pouvaient pas excéder cette valeur, et la plus forte dot n'allait qu'à cent écus. Aujourd'hui les femmes des *portefaix*, des *cordonniers* et *autres artisans* sont mises plus richement que ne l'étaient alors les dames du plus haut parage. *O tempora! O mores!* Nous osons dire que nous devons cette confusion de tous les états à vingt-cinq années de révolution, au déplacement et à la subversion de toutes les fortunes particulières.

Parmi les usages particuliers à cette Ville, nous devons faire mention de ceux que l'assentiment général a consacrés en quelque sorte par de longues années.

La fameuse promenade de carême prenant, qui se fait chaque année le premier jour de carême à Arenc, est une petite imitation de celle de Long-Champ, près Paris : elle a toujours beaucoup de vogue.

Lorsque ce jour d'étiquette est arrivé, on se rend par la porte d'Aix, sur la grand'route, à un quart de lieue de la Ville. Une longue file de voitures s'y montre escortée au milieu d'une belle cavalerie formée de jeunes gens de famille, d'un concours de monde prodigieux, et d'un guet de quelqũes agens de police qui borde la haie pour le maintien du bon ordre. L'envie de briller dans un équipage élégant et d'un nouveau goût, le plaisir de voir et d'être vu, attirent à Arenc (du nom du sable qui est au bord de la mer *Arena*) tout ce qu'il y a de brillant à Marseille. Ce jour-là toutes les guinguettes sont fréquentées par nos élégans et élégantes et une partie de nos dames du bon ton qui vont s'y faire remarquer.

Les affaires sont suspendues l'après-midi. Le négociant ferme son comptoir, l'ouvrier sa boutique, chacun veut jouir de cet amusant spectacle, et passer en revue les chevaux, les cavaliers, les voitures, les habits et les femmes.

Cette promenade commence à midi pour ne finir qu'à la nuit.

Celle qu'on appelle des *Pois-Chiches* a lieu le jour des Rameaux au couvent des ci-devant Chartreux. La crédulité risible des bonnes gens de la montagne à qui l'on faisait entendre qu'on y distribuait des Pois-Chiches *gratis*, a donné lieu sans doute à l'affluence du monde qu'on y voit tous les ans. Ce n'était dans le principe qu'une pieuse pratique de la part des Marseillais qui allaient ce jour-là entendre la Messe à l'Église de ces Pères. A peine le jour luit que l'on se met en marche, l'on s'agace par des propos, mais sans dessein de s'offenser, et si le jour est beau, la matinée se passe à cette espèce de divertissement.

Mr. Grosson prétend qu'un vaisseau chargé de pois-chiches fut jeté sur la côte de Marseille dans un tems de disette, et qu'en mémoire de cet évènement, l'usage s'introduisit d'en manger tous les ans.

Le peuple mange beaucoup de fruits cuits en hiver. A la pointe du jour, dès que le bruit du canon a annoncé l'ouverture du port, on entend des femmes qui les débitent, en criant :

Pere cuecho! toutei caoudo! des poires cuites toutes chaudes ! Le soir ce sont des betteraves, *de bettarabo de Gardano cuecho aou four !* des betteraves de Gardañe cuites au four ! elles ont du débit et servent de souper à la plus grande partie des gens de peine et des ouvriers.

Marseille a deux foires, l'une dite de *St. Martin*, l'autre de *St. Lazare*. La première a lieu le 6 janvier, sur la paroisse St. Martin, au haut du Cours, et l'on y vend toutes sortes d'arbustes. La seconde, qui est la plus considérable, s'ouvre le 31 août, et dure quinze jours. Elle se tient sur le Cours, et ne cesse durant ce tems-là d'être le rendez-vous de tout ce que la Ville a de riche, d'aimable, de galant. On y trouve des objets de quincaillerie, d'orfévrerie, de mode, et les plus jolis hochets pour les enfans. Indépendamment de ces deux foires, il se fait encore sur le Cours une réunion particulière d'habitans le 24 juin, jour de St. Jean-Baptiste, qui a pour but d'acheter des fleurs, premiers fruits, branches, herbes fraiches aromatiques de tout genre que le printems a fait naître. Le peuple attache à ces plantes (*) des idées superstitieuses ; il se persuade que si elles ont été cueillies ce même jour avant le lever du soleil, elles sont propres à la guérison de beaucoup de maux. Cet usage s'observe fort religieusement toutes les années. L'affluence des paysans de 6 à 8 heures du matin, est telle qu'un étranger devra se procurer la vue d'un spectacle réellement curieux.

La veille il était d'usage anciennement de s'inonder d'eau de senteur que l'on versait des fenêtres, ou que l'on jetait avec des petites seringues. Le plus grossier badinage était de couvrir d'eau pure les passans, ce qui donnait lieu à de grands éclats de rire.

Les trois jours qui précèdent la Fête-Dieu, on promène un Bœuf à Marseille par toutes les rues de la Ville ; et le jour de la Fête, il est à la tête de la Procession. Nous ne ferons aucune dissertation sur l'origine de cet usage qui est très-ancien dans cette Ville, nous nous permettrons seulement de dire, d'après quelques historiens célèbres,

(*) De là vient le proverbe provençal : *Aco soun d'herbos de San Jean*, ce sont des herbes de la S. Jean.

que cet usage date de l'an 580 de la fondation de Rome, sous le Consulat de L. Posthumius Albinus, et de M. Popilius, 171 ans avant J. C., et que c'est la représentation des sacrifices que les premiers Marseillais offraient à Diane et à Apollon, divinités tutélaires de leur république, dont le culte était le premier dans l'ordre des objets religieux.

La plus grande partie des habitans attache beaucoup d'importance à la pratique de cette cérémonie, et il en est qui sollicitent l'entrée du Bœuf dans leur maison.

La victime toujours précédée de tambourins, de flutets, de fifres et de quatre Bouchers vêtus à la manière des Druides, s'avance à pas lent, ornée de rubans de diverses couleurs, portant un joli petit enfant de 4 à 5 ans, couvert d'une peau d'agneau; cet enfant tient une banderolle de la main gauche, et il a le doigt index de la main droite élevé pour montrer le Ciel.

Noël est une des fêtes les plus remarquables des Départemens méridionaux, et une de celles que les Marseillais célèbrent avec le plus de pompe et de solennité. Les enfans, les jeunes gens attendent ce jour avec une vive impatience, et toutes les familles se préparent à la Fête, en faisant d'amples provisions de bouche. Plusieurs jours auparavant, les boutiques, les places du Cours et de la Canebière sont parées de laurier, d'oranges, de fruits et de toutes sortes de comestibles : on y vend aussi des figures en plâtre, représentant des animaux et tous les personnages qui étaient présens à la naissance du Sauveur, des Saints, des Bergers, etc.

La veille de Noël, le Cours est illuminé comme dans la nuit de la St. Jean. Dans les familles où les mœurs antiques se sont conservées, on prépare une belle Chapelle qu'on nomme Crèche, représentant la naissance du Sauveur : on l'orne d'Anges, de Saints et de Bergers, on y met des cierges et une lampe qu'on laisse éclairée pendant la quarantaine. Devant cette Chapelle se dresse une collation connue sous le nom de *Calènè* ; c'est ordinairement le chef de la maison qui préside à cet arrangement ; quelquefois ce sont ses enfans, sur-tout les jeunes filles qui sont chargées de ce soin. Ceux qui suivent scrupuleusement les usages anciens, couvrent la table de trois belles nappes, et y mettent toutes sortes de mets exquis en maigre. Quand tout est servi, le plus jeune des enfans bénit la table qui est éclairée par des bougies et garnie de pâtisseries et de friandises de toute epèce, parmi lesquelles le *Nougat* blanc se fait sur-tout remarquer. L'élégance et la propreté des appartemens donnent un grand charme à cette Fête de réunion. Tous les membres de la famille qui ont ménage à part, sont invités à ce repas, ainsi que quelques amis ; ils sont encore invités au dîner du jour de Noël pour manger la *Dinde*. Chaque famille se pique ce jour-là d'en avoir une sur sa table, il y a même des gens du peuple qui, plutôt que d'en manquer, engagent *leurs bijoux et leurs nippes* pour s'en procurer une. Les flacons sont remplis du meilleur vin du pays de toutes les qualités : on appelle cela *passer Fête ensemble*.

Ces repas ont réellement quelque chose de patriarcal, et cette institution contribue à entretenir et à rétablir l'union dans les familles. Ceux qui ont passé quelquefois une année entière sans se voir, sont forcés de se rapprocher ; des inimitiés fomentées pendant plusieurs mois cessent ; une réconciliation sincère et durable naît du sein des plaisirs, et bien des mariages sont conclus à cette époque heureuse.

Convenons donc qu'au lieu de supprimer ces usages, rien ne s'oppose à les perpétuer. Il serait même à désirer que d'autres cérémonies anciennement pratiquées dans Marseille eussent été conservées ; ces sortes de représentations rappellent le souvenir de plusieurs faits historiques qu'il est utile de ne point oublier.

On nomme *Traïn* en Provence, ces danses qui se font chaque Dimanche, et le jour de la Fête Patronale dans les villages, au son des tambourins. La veille elles sont annoncées à Marseille par le passage de ces sortes de tambours, et suivies très-constamment par la jeunesse.

Nous dirons comme plusieurs auteurs à ceux que nous inviterons à fixer leur séjour à Marseille ; venez voir nos Fêtes marines et champêtres, un peuple nombreux, toujours en mouvement, toujours occupé, accoutumé à ne célébrer des jours de fête que par des danses animées au son des flageolets et des tambourins ; des beautés piquantes parmi le peuple, ainsi que dans les classes supérieures, où elles se distinguent encore par l'art des ajustemens : voyez notre pêche, nos madragues, et dans nos soirées d'été, ces groupes multipliés et épars sur le sable et sur les rochers du bord de la mer.

Pendant la nuit règne le silence dans les forêts et les campagnes ; mais sur ce rivage des feux s'allument de toutes parts, les vents seuls et les flots sont endormis, et ce peuple, ces familles rassemblées qui veillent autour d'un repas frugal que la joie et la liberté assaisonnent, plus heureux que nous mille fois, nous appellent et nous invitent par leurs chansons.

Que dirons-nous des Mœurs des Marseillais ? nous n'aimerions à parler que des anciennes. Simples et pures, elles firent pendant plusieurs siècles le bonheur des citoyens. Les arts qui les énervent étaient inconnus, l'oisiveté qui les corrompt était bannie. On vantait la frugalité des hommes, on citait la modestie des femmes. Les plus célèbres auteurs parlent de cette Capitale comme de l'*école des sciences et des mœurs*. Aujourd'hui Marseille n'est plus comme autrefois la seule Ville dans l'univers qui ait conservé ses mœurs ; une infinité de causes réunies en ont altéré et détruit la simplicité. On a reproché aux habitans d'avoir l'air brusque, de s'enflammer facilement, d'être vains et légers : il nous paraît cependant qu'ils sont assez justifiés de ce côté-là par leurs établissemens en faveur de l'humanité, et par l'accueil que les étrangers reçoivent chez eux.

CHAPITRE IX.

Climat, Production, Campagnes voisines.

On parle partout de la douceur du climat de Marseille. Nos pères qui ont vécu sous le siècle qui vient de s'écouler, nous étonnent par les rapports qu'ils nous font de la continuité des beaux jours de ce tems-là : il faut convenir que les choses ont bien changé. A peine s'aperçoit-on aujourd'hui de l'été qu'on ne distingue plus d'avec l'automne. Le printems tient à l'hiver ; l'automne à l'été ; en sorte qu'il n'y a proprement que deux saisons ; l'été et l'hiver. Une observation plus particulière au climat de cette Ville, c'est qu'on y passe rapidement du chaud au froid, c'est que les vents d'est et de nord-ouest y sont les vents dominans, que ce dernier souffle pour l'ordinaire avec une impétuosité qui dérange, incommode dans les plus beaux jours de la belle saison, et qu'il est toujours le successeur de la pluie. Du reste il devient peut-être nécessaire pour assainir l'air de nos rues. Otez ce vent qu'on appelle *Mistral*, qui est si redouté, on n'a jamais froid à Marseille ; on le regarde comme une des plus grandes calamités, ainsi que l'atteste un ancien proverbe (*) : c'est la seule incommodité de ce beau climat.

Le terroir de Marseille est peu considérable ; son étendue n'est point en raison du nombre de ses habitans. Quoiqu'il soit naturellement stérile, il abonde en productions par les soins des cultivateurs qui ont, pour ainsi dire, forcé la nature et changé la qualité du sol à force d'engrais. On a beaucoup défriché depuis quelques années. On y recueille du blé, de l'orge et des légumes en petite quantité, assez d'huile et beaucoup de vin : des

(*) Le Parlement, le Mistral et la Durance sont les trois fléaux de la Provence.

fruits en abondance, comme Figues, Cerises, Amandes, Abricots, Pêches, Poires, Prunes, Pommes, Grenades, Melons, Pastèques, etc. Les Figuiers, les Oliviers, les Amandiers sont les arbres qu'on y cultive avec le plus de soin. La Figue appelée *Marseillaise* est estimée la meilleure, en ce qu'elle se couvre d'une poudre si douce qu'elle paraît sucrée : le terroir et la disposition de l'air donnent à cette figue un degré d'excellence. Celles dites *Bourcassotes* et *Grises*, sont après celle-ci les plus recherchées. C'est la partie de ce terroir complantée de vignobles, qui est surtout agréable : le vallon d'Aubagne à Roquevaire est vraiment riche et productif : arrosé de la petite rivière d'Huveaune et de quelques ruisseaux, il abonde en fruits estimés ; la vue se repose délicieusement sur ses collines, et l'on n'y est point emprisonné par des murailles de clôture, comme on l'est autour de Marseille ; ces campagnes si bien cultivées n'offrent pourtant pas aux yeux du voyageur le même coup d'œil que celles que baignent la Loire, la Seine, la Saône ou la Garonne, mais elles présentent un autre genre de singularité, c'est la multitude étonnante des maisons de campagne ou *Bastides* qui couvrent le terroir et le rendent extrêmement vivant et animé. On les découvre assez bien de la hauteur appelée la *Viste*, ou du fort de N. D. de la Garde. Leur nombre et leur variété ne manqueront pas de frapper le voyageur de surprise et d'étonnement, et de lui annoncer les approches d'une des premières Villes du Royaume.

On en porte le nombre à 5000, il n'y a pas un seul négociant qui n'ait la sienne : l'artisan même a une masure qu'il appelle sa *Bastide*, et ceux qui n'en ont point en louent une.

Ces campagnes ont l'avantage d'offrir aux habitans un délassement agréable les jours de Fête et de Dimanche ; plus de 30,000 ames sortent ces jours-là de la Ville pour se répandre dans la campagne ; tous les chevaux et les carrosses de louage sont retenus et occupés ; ces bastides sont encore un asile dans les tems de contagion.

C'est sur-tout dans ces maisons de campagne que le Marseillais déploie sa magnificence et se livre à ses goûts sensuels et recherchés ; c'est là qu'il aime à recevoir les étrangers et ses amis ;

et à partager avec eux son opulence et ses loisirs.

La mer de Provence fournit à Marseille les meilleurs poissons.

A deux lieues de la Ville la nature champêtre étale des lieux charmans ornés de bosquets, de prairies arrosées par plusieurs sources, des allées de verdure, des masses de pins, des sites qui charment le voyageur. C'est notamment dans les châteaux et belles campagnes des Aigalades (*), Fontainieu et de St.-Joseph, que ces avantages se trouvent réunis : on y respire la fraîcheur des ombrages, on y jouit d'un beau ciel, d'un air pur et de soi-même. Jeune étranger que la curiosité, l'attrait de la solitude ou l'amour de la belle nature excite et ravit, si vous voulez que votre vue s'égare au loin et se repose sur

---

(*) Le voyageur curieux pourra voir dans ce château une tapisserie singulière ; elle est d'un tissu de soie, d'or et d'argent travaillé à l'aiguille, et represente le Maître du Monde assis, revêtu d'une chape et coiffé d'un bonnet en forme de tiare ; il bénit de la main droite un livre ouvert, où sont tracés des caractères informes. Il est entouré de plusieurs Anges, Saints, Patriarches et autres personnages très-intéressans. On croit que le Duc de Villars qui y mourut, l'avait achetée de la succession du Duc de Mazarin qui la tenait de son oncle le Cardinal.

mille objets enchanteurs, allez aux Aigalades.

La plupart des campagne de Ste. Marguerite, St.-Giniés, Bonneveine, la Reinarde, méritent aussi une attention particulière.

Ces charmantes habitations pourraient rivaliser avec les plus belles maisons de campagne des environs de Paris.

Le voyageur curieux verra avec intérêt des tableaux de grands maîtres dans le château Borely, à Bonneveine, qui appartient aujourd'hui à Mr. le Comte de Panisse son gendre, amateur éclairé des belles-lettres et des beaux-arts; il accueille avec une honnêteté peu commune les personnes qui désirent visiter son château.

La Reinarde est une des plus agréables campagnes à deux ou trois lieues des environs de Marseille; elle appartient à Mr. le général Dumuy, pair de France.

Ce château est situé sur une petite hauteur, entouré de beaux arbres: l'on y voit des prés, des vignes, des bosquets; le site en est pitoresque: au bas de la colline coule l'Huveaune qui longe cette belle habitation.

St.-Just que l'on distingue parmi les oliviers et le vignoble, a aussi ses vergers, ses bosquets, ses points de vue, et avec tout cela ses maisons de campagne. Si l'on en croit une certaine tradition, le Roi René avait aussi la sienne dans ce quartier-là, et y passait le tems des plus fortes chaleurs.

Nous ne pouvons mieux terminer cet article qu'en indiquant en faveur de l'étranger curieux, les trois grottes que renferme le territoire de Marseille, appelées de *Lubières*, de *Rolland* et de *St.-Michel-d'eau-douce*, toutes trois en stalactites. Celle de *Rolland* est la plus fréquentée; mais celle de *St. Michel*, aussi fort curieuse, a l'avantage d'être d'un abord très-facile.

Concluons que Marseille est non-seulement la première Ville des Départemens méridionaux, qu'elle est une des plus belles du Royaume, par la régularité de ses larges et longues rues ornées de belles maisons; mais qu'elle est une des Cités dont le séjour est le plus agréable. L'artiste, l'homme de lettres, le négociant, l'homme de plaisir, le gourmet et le voluptueux, chacun enfin trouve à s'y satisfaire; mais il faut sans cesse y suivre la maxime connue : *usez des plaisirs, mais n'en abusez pas ; la parque alors vous filera des jours de paix et de bonheur.*

NOTES,

MONUMENS, ÉVENEMENS REMARQUABLES, etc.

PAGE. 48.

(1) Nous rapporterons ici l'origine de la Course du Cheval qui était autrefois en usage le jour de la Fête de St. Victor.

Marseille eut dans ces tems, à l'exemple des autres États indépendans, son oriflamme particulière ; elle était en soie rouge découpée à panonceaux ; comme il était de régle de mettre la principale enseigne militaire sous la protection de quelque Saint, nos pères choisirent de préférence celle de St. Victor qui réunissait à la qualité de martyr et de militaire, celle de citoyen de Marseille. Il fut représenté sous l'oriflamme de cette Ville, en cavalier armé de toutes pièces, avec les armoiries de Marseille sur son écu, et foulant aux pieds le dragon de l'abîme. Le sceau dont la nouvelle République se servait, portait la même effigie, et pour cri de guerre *Massiliam verè Victor Civesque tuere* (*). On voit encore l'un et l'autre sur la porte de l'Église Abbatiale érigée aujourd'hui en Paroisse, en l'honneur du Saint compatriote. L'oriflamme des Marseillais était déposée dans cette Église, et lorsque quelque expédition militaire ne la retenait pas ailleurs, on la portait à la Procession le jour consacré à célébrer la Fête du Saint Protecteur. C'était une distinction flatteuse que d'être chargé de porter à la guerre la principale enseigne d'une nation ; aussi les Marseillais ne la confiaient-ils qu'à des citoyens connus par leur bravoure et leur naissance distinguée : ils élisaient annuellement un

---

(*) *Histoire de Marseille, par Ruffi.*

capitaine qui n'abandonnait jamais ce dépôt en d'autres mains, et la portait également à la Procession que les Moines de l'Abbaye faisaient en l'honneur de St. Victor. Il est à propos d'entrer dans quelques détails au sujet de cette Procession et du Cavalier qui portait l'oriflamme ; ils serviront à prouver que cette enseigne était celle de la Seigneurie de Marseille. Le capitaine élu s'armait de toutes pièces, et venait se poster devant l'Église de St. Jean de Jerusalem qui était située au bout du Port, à l'endroit où était anciennement la Chapelle du Fort St. Jean. Les Religieux en chape sortaient en procession avec la chasse de St. Victor. Cette Procession traversait le Port sur des bateaux et venait débarquer au même endroit où le cavalier était descendu ; à l'instant du débarquement, le cavalier se mettait à genoux devant le Prieur de l'Abbaye, qui lui donnait la bénédiction et lui remettait l'oriflamme. Le champion montait sur un cheval richement caparaçonné, suivi de pages et de valets de pied à ses couleurs, et marchait avec la Procession à laquelle tous les autres Corps Religieux venaient se joindre. Elle s'arrêtait à diverses reprises : le cavalier profitait de ces pauses pour aller faire des courses dans les principales rues.

La Procession et les courses terminées, le cavalier remettait l'étendard entre les mains des Moines qui lui donnaient un splendide repas.

Cette cérémonie était dispendieuse à la Communauté de Marseille et au capitaine qui portait son oriflamme, par le faste des habits et des caparaçons de damas blanc, semés de croix de taffetas bleu et des armoiries de l'Abbaye (qui étaient d'azur à quatre bâtons, en sautoir pommelés d'or, et l'écu de Marseille sur tout) ainsi que la livrée des pages et valets de pied. Le cavalier était encore obligé de faire la cérémonie du guet de la veille de St. Lazare, à la lueur des torches ; il y paraissait avec ses serviteurs richement vêtu en costume ancien, avec des habits de soie brodés d'or. Ces dépenses firent interrompre en 1608, l'usage d'élire un cavalier porte-oriflamme. Un registre des délibérations de cette Ville de l'année 1528, nous confirme que cette bannière était son étendard.

Voici les propres termes qui y sont insérés en termes provençaux de ce tems-là : Noble François d'Albertas *fara courre l'estendar de la Cioutat de Marselho*, *lou jour de la Festa de San Victou prochana, venent à l'honour del dit Sant et de la Cioutat, comme es de bonna coustuma.* C'est-à-dire, Noble François d'Albertas fera courir l'étendard de la Ville de Marseille, le jour de la Fête prochaine de St. Victor, à l'honneur de ce Saint et de la Ville, comme il est de bonne coutume. La cérémonie de faire courir cet étendard après avoir été interrompue, fut de nouveau renouvelée avec bien moins de magnificence ; il n'y eut plus de Procession ; au lieu d'un citoyen recommandable, choisi pour porter ce dépôt, ce ne fut plus qu'un simple domestique de l'Hôtel-de-Ville, qui se rendait, la veille de la Fête, à la petite Chapelle de St. Victor, à la Grand'Rue, où un Prêtre de l'Abbaye lui donnait la bénédiction : il partait de là et allait exécuter les courses sans aucune suite ; enfin on parvint à faire totalement abolir cet usage. On crut devoir laisser tomber en désuétude cette ancienne cérémonie qui cependant rappelait des souvenirs intéressans. Enfin, elle fut abolie en 1750, par délibération de la Communauté.

M. Frédéric Despinassy fut le dernier cavalier élu pour faire la course en 1607.

PAGE 72.

(2) *Des Monumens anciens recueillis sous les débris révolutionnaires de 1793, et déposés dans le Museum de Marseille en septembre 1804.*

MARSEILLE, dont on trouve plusieurs médailles antiques, ne renferme pas des monumens, qui par leur grandeur et leur importance, répondent à la renommée de cette ancienne république. Cependant Marseille contenait en grand nombre des édifices publics. Diane d'Ephèse, comme nous l'avons déjà dit dans un des chapitres de cet ouvrage, y avait un temple fameux (*) ; les écoles publiques et les gymnases y attiraient les étrangers. Des

---

(*) *A en juger par les effigies de Diane gravées sur les médailles de Marseille, ses habitans l'honoraient comme Déesse de la Chasse : la* Diana Ephesia multimammia *ne paraît sur aucun monument : il est vrai que la* Diana venatrix *était aussi adorée par les Ephésiens et gravée sur leurs médailles.*

jeux y étaient célébrés dans des cirques : une inscription grecque trouvée dans ces derniers tems, sous les fondations de l'Abbaye de St. Victor, fait mention d'un jeune homme, nommé Aurelius Dioclès, né dans le temple de Venus, où Hercule était aussi honoré ; ce Dioclès mourut lorsqu'on proclamait les Jeux Pythiens.

Il n'y a plus à Marseille aucun vestige de cette ancienne Cité. On croit aussi que la ruine de tous les anciens monumens de Marseille doit être attribuée aux nations barbares qui l'ont tant de fois subjuguée. Le peu qui restait a été détruit par les Vandales du 18.e siècle.

On n'aperçoit plus aujourd'hui à Marseille aucun temple, comme il y avait encore avant la révolution : on y voyait des statues, des colonnes, des tombeaux, des bas-reliefs, des inscriptions grecques et latines, des idoles et des vases : le port en recelait, et chaque curage en a donné plusieurs.

L'Abbaye de St. Victor, cet édifice qui renfermait des monumens si anciens et si curieux de tous les âges, a disparu. Il n'y a plus que l'Église qui est d'une masse des plus imposantes. Elle a servi de prison, en 1797 et 1798, à quelques forçats qu'on fit venir de Toulon pour le curage du port. On voyait dans la Chapelle souterraine des colonnes et des bas-reliefs du meilleur goût, plusieurs tombeaux chrétiens des 3.e, 4.e, 5.e et 6.e siècles; des monumens et des inscriptions curieux pour les costumes ou par la forme des lettres.

Depuis le régime révolutionnaire de 1793, si funeste aux monumens anciens, on croyait que ceux de Marseille étaient entièrement perdus. Plusieurs d'entr'eux n'existent plus à la vérité; cependant un grand nombre a été retrouvé dans une cour de l'Abbaye des ci-devant Bernardines, aujourd'hui appelé Collége Royal ; ils y avaient été amoncelés, on les en a retirés au commencement de juillet 1804.

Tels sont les monumens déposés au Musée. Nous avons cru devoir en faire l'objet de cette notice.

N.° 1. Un Gnomon ou Montre solaire antique.

N.° 2. Trépied de marbre, haut de deux pieds et demi environ. On voit, sur une de ses faces, Apollon nud portant une lyre ; sur chacune des deux autres faces, une femme dont une tient une tyrse, l'autre un bâton qui ressemble à un des côtés d'un arc.

N.° 3. Très-bel Autel grec, rond, haut de quatre pieds et demi, et de trois pieds de diamètre. Il est orné de guirlandes composées de fleurs et de fruits. Les guirlandes sont suspendues à quatre têtes de taureaux dont le front est orné de larges bandelettes. L'inscription indiquerait que ce monument a servi de base à une statue.

N.° 4. Figure égyptienne, dont les jambes ont été brisées; une large bande qui occupe toute la partie postérieure est chargée d'hiéroglyphes. Cette statue était à l'Arsenal.

N.° 5. Tronçon de colonne antique sculptée en lignes spirales, sur lequel est posée la figure égyptienne.

N.° 6. Ce Bas-relief grec, qui a deux pieds et demi de hauteur, est un monument funéraire élevé par une femme à son mari qui se nommait Télesphore. Il est divisé en deux parties; la partie supérieure présente les bustes d'un homme revêtu d'une tunique et d'un manteau, et d'une femme ayant un voile sur la tête. Le bas-relief qui est au-dessous de l'inscription, représente un homme couché sur un lit, ayant devant lui une table à trois pieds, chargée de fruits : à droite est une femme assise sur un tabouret.

N.° 7. Siége en marbre sans appui : ce peut être aussi un autel à cause du trou carré qui est au milieu. Il est soutenu par deux cuisses et deux pattes de lion, qui sont adossées à un massif très-bien sculpté.

N.° 8. Ce marbre dont la partie supérieure manque absolument, représente une femme assise couverte d'une tunique et d'un voile; ses pieds sont appuyés sur un escabeau; elle tient de la main droite la main d'un homme debout, dont le corps est à moitié couvert par un manteau. On voit par ce qui reste du centre du bas-relief, qu'il y avait au milieu de deux personnages, une femme portant un petit enfant emmailloté : l'enfant est encore entier et a la tête couverte d'un bonnet pointu. Il n'existe plus du troisième personnage que la main gauche qui soutient l'enfant, et le haut de la draperie de sa robe.

N.os 9, 10, 11 et 12. Masque en pierre, trouvé à Aix, sur le chemin de Toulon, en 1803.

Il est appuyé sur un massif de pierre coté n.° 10, sur lequel sont sculptés des boucliers et d'autres armes.

Il a été trouvé en même tems et dans le même local que la tête n.° 11, et les ornemens n.° 12.

N.° 13. Ce tombeau paraît être du troisième ou quatrième siècle. On voit au milieu une rosace et des lignes sculptées en spirale.

N.° 14. Tombeau de Glaucias.

En juin 1799, on trouva à Marseille, sous les débris de l'Abbaye de St. Victor, un tombeau de pierre, haut d'environ cinq pieds et demi. Il avait été fait pour être placé debout et il était probablement surmonté d'un buste. On y voit une inscription grecque de sept vers, dont le troisieme et le sixieme sont hexamètres, les autres pentamétres. Au-dessous de l'inscription, sont deux cornes d'abondance, sculptées en relief et posées en sautoir. Sur le côté opposé à l'inscription, est une barque gravée par des lignes larges et profondes. Sur le troisième côté, on voit un petit carré en relief, une guirlande, deux bandelettes et un ornement qui ressemble à une armore.

N.° 15. Le Tombeau qui servait autrefois d'ornement à la fontaine située à la rue de l'Aumône, est un monument élevé par le pére et la mère de T. Annonius à leur fils mort. âgé de six ans, six mois, six jours. Auprés du cartouche qui porte l'inscription, sont deux génies couchés. Les petits côtés du tombeau portent des guirlandes travaillées avec goût.

N.° 16. Beau Tombeau de marbre d'environ huit pieds de longueur sur trois et demi de haut. On voit d'un côté une urne soutenue par deux gryphons; de l'autre des Centaures combattant contre des lions qu'ils attaquent avec des masses de rocher. Ce monument est des meilleurs tems. Il a été trouvé à Arles, où il avait sans doute été transporté pour servir à la sépulture d'un grand officier de l'Empire, sous l'un des successeurs de Constantin. L'inscription qui commence au petit côté du tombeau qui est à la droite, est placée sous le premier rebord au-dessus de la sculpture; elle porte le nom de Flavius Memorius, les titres et les dignités qu'il a remplis.

N.° 17. Tombeau chrétien, de marbre, dont le dessus n.° 18 est dans le même lieu que le tombeau de Memorius.

N.° 18. Nous allons rapporter cette inscription: elle est inédite et n'avait pas été aperçue dans le souterrain de St. Victor.

Elle est en vers hexamètres et pentamètres; les vers pentamètres sont à la suite et sur la même ligne que les hexamètres. Chaque vers est terminé par un cœur. Les lettres sont grandes et bien gravées; mais la forme des *d* qui finissent en pointe, celle des *b* qui ont à peu près la même forme, des g dont la queue est fort repliée, indique le septième et le huitième siècle.

Nobilis Eugenia præclari sanguinis ortu
Q..e meretis vivit hic tumolata jacit
Exuit occumbens oneroso corpore vitam
Quem citius superas possit adire domos
Que prudens animis permansit pondere morum
Candida laudandum semper peregit opus
Pascere egenos gaudens festina cucurrit
Aperiente vias o Paradise tuas
Captivos opibus vinclis laxavit iniquis
Læsos e pœnis redemit illa suis
Mens intenta bonis toto cui tempore vite
Montibus Ethereis unica meta fuit
Quam sobolis lapsam bessenis inclita lustris
Condidit in lacremis avia moesta piis.

N.° 19. Tombeau chrétien, gravé par Ruffi, p. 127, à la suite de celui que l'on vient de décrire.

La couverture de ce tombeau, sur laquelle étaient sculptées une moisson et des vendanges faites par de petits génies, n'a pas été retrouvée. Les sculptures du tombeau présentent plusieurs actions. Au milieu est Jésus-Christ et deux Saints, aux pieds desquels sont un homme et une femme; ceux peut-être pour qui le tombeau a été fait.

A droite St Etienne prèchant aux Juifs. Sa lapidation. A gauche les Disciples d'Emmaüs, et peut-être le changement de l'eau en vin aux noces de Cana.

N.° 20. Tombeau chrétien, où l'on voit Jésus-Christ sur la montagne, avec lui St. Pierre et un autre Apôtre dans le compartiment du milieu; les dix autres Apôtres à droite et à gauche, dans d'autres compartimens.

N° 21. C'est ici la frise du Tombeau n° 20, qui n'en aurait pas dû être séparée. La sculpture est mieux faite que celle du Tombeau. Deux petits génies soutiennent un cartouche portant un médaillon avec le monogramme du Christ, l'Alpha et l'Omega. Des deux côtés du médaillon sont deux têtes de dauphins, qui ont chacune une boule dans les dents; à droite sont deux cerfs qui se désaltèrent à une eau, qui coule d'une élévation, sur laquelle est posé un loup; à la gauche deux hommes dont la tête manque, vêtus d'une longue tunique, ont, au milieu d'eux, trois grands pots ou jarres posées deux et une. Le bas-relief est terminé par deux hommes, qui portent sur leurs épaules un long bâton soutenant un raisin.

N.° 22. Tombeau de Cassien, fondateur du monastère de St. Victor, en 410.

Ce monument était dans l'église supérieure de St. Victor et paraît avoir été fait pour Cassien lui-même. Au milieu du bas-relief on voit Jesus-Christ ayant à sa droite et à sa gauche St. Pierre et St. Paul, premiers titulaires du monastere des Cassianites. Un père et une mère viennent offrir au monastere un de leurs enfans pour l'y faire recevoir et élever. Le personnage qui termine le bas-relief, peut représenter Cassien. Telle était l'explication que donnait en 1716, à M. de Mazaugues, M Fournier, moine de St. Victor, qui fut un des Marseillais les plus distingues par son savoir et ses correspondances littéraires.

N.° 23. Bas-relief qui couvrait le tombeau de l'abbé Isarn. Isarn, abbé de St. Victor, mourut en 1048. Il fut enseveli dans un tombeau élevé contre un des murs de l'église souterraine. Sa figure sculptée en relief, que l'on voit-ici, était placée debout sur son tombeau. Sa chevelure au haut de laquelle on voit une tonsure bien marquée ; ses habits sacerdotaux, dont le haut est brodé et indique la chasuble, sont dignes de remarque. Sa crosse est en forme de béquille et annonce que plusieurs usages de l'église grecque se sont conservés à St. Victor jusques dans le onzième siècle.

Sur le haut de la crosse on lit le mot VIRGA. Son épitaphe couvre tout son corps. Une partie est même gravée sur les rebords de deux espèces de couches dans lesquelles sont enchassés sa tête et ses pieds ; on y remarque une exclamation qui dit qu'il ne reste à Isarn qu'un épitaphe à présenter à ceux qui la liront.

Defuncto lector inest misero.

Elle commence par une phrase assez peu intelligible et qui ne se lie guères avec le reste de l'inscription.

Cerne meor que lex hominum noxa proto plasti in me;

Au second mot de cette ligne plusieurs ont lu *mors*, mais il y a un E accolé à un M, un O au milieu de l'M, et un R, on pourrait lire *memor*.

N.° 24. Grand carré de marbre transparent et travaillé à jour, qui était dans l'église souterraine de St. Victor ; il est du 5e siècle. On voit le monogramme du Christ dans un médaillon, au-dessous duquel est un grand vase, d'où sortent des branches de vignes portant des feuilles et des raisins : sur une des branches de chaque côté du médaillon est posée une colombe. Le monument est terminé à droite et à gauche par des bandes formées de losanges et travaillées aussi à jour ;

N.es 25 et 26. Autre morceau de sculpture en marbre, mais qui n'est ni transparent, ni travaillé à jour. On y voit des croix, des raisins, des entrelas. Il était aussi dans l'église souterraine de St. Victor, ainsi que d'autres morceaux sculptés à peu près sur le même dessin et numérotés du chiffre 26.

N.o 27. Tombeau chrétien qui existait aussi à St. Victor, dans lequel on prétend que furent placées les reliques de St. Chrisante et de St. Darie : il n'existe plus ici que très-mutilé et en plusieurs parties séparées.

N.os 28 et 29. Tombeau d'Eusébie religieuse Cassianite. Au milieu des bas-reliefs de ce tombeau, on voit un médaillon portant le buste d'un sénateur ; au-dessous est un personnage qui paraît enchaîné auprès d'un dragon : au côté gauche est un homme debout, ayant quelque chose dans la main, qu'il a l'air de recevoir du ciel. A droite un homme tient une baguette levée sur deux personnages à genoux, qui ont la tête couverte d'un bonnet.

Ste. Eusébie, Abbesse des Religieuses Cassianites, fut mise dans ce tombeau qui certainement n'avait pas été fait pour elle, et qui lui est antérieur de plus de 200 ans. Son épitaphe était appliquée sur un des murs de l'église souterraine de St. Victor et au dessus du tombeau.

Sarcophage servant de fonts baptismaux à la Major.

Nous observerons qu'il y a encore un monument des plus intéressans de la Ville de Marseille ; c'est un tombeau antique qui sert aux fonts baptismaux de la paroisse de la Major (autrefois Cathédrale). On assure qu'il a été apporté d'Égypte par les Phocéens lors de leur arrivée en Europe. Nous croyons devoir le décrire quoiqu'il ne soit pas au Musée. Le bas-relief représente une conférence de trois philosophes. Celui des trois qui est assis (et c'est le personnage principal) a la tête presque rase. Il a à ses pieds des volumes liés en faisceau, et tient un volume dans sa main : l'un des deux personnages debout porte un étui nommé *Scrinium*, qui servait à renfermer des tablettes.

Aux extrémités du bas-relief, on voit à droite un personnage revêtu d'un pallium et tenant un volume ; à ses pieds est un faisceau de volumes. A gauche est un homme n'ayant pour vêtement qu'un manteau qui couvre son épaule gauche et entoure son corps.

N.° 30. Ce tombeau fait pour un jeune enfant, est sculpté avec goût. Les reliques de St. Victor y avaient été déposées pendant quelque tems, et il était, ainsi que celui du N.° suivant, dans la partie la plus obscure de l'église souterraine.

Un sphinx (non pas un aigle) et deux génies soutiennent un médaillon dans lequel est la louve allaitant Romulus et Remus. D'autres génies fabriquent des armes : à la droite on voit un bouclier, une cuirasse, un cuissard ; à la gauche est un grand casque où la pointe qui forme la visière est bien marquée.

N.° 31. Ce tombeau est très-intéressant par la bonté du travail.

Un médaillon soutenu par deux victoires, porté par un tronc de palmier auprès duquel sont deux captifs, contient l'inscription suivante :

Dis manibus Juliæ Quintinæ Cossutiæ Hycla
Mater filiæ piissimæ.

Des centaures dont l'un porte une corne d'abondance, un autre un bouclier, un troisième une branche fleurie, un quatrième un grand verre ou canthare, sont attelés à des chars qui ont la forme des chars antiques et non pas celle d'un bateau : dans un des chars est une femme, dans l'autre, un homme et une femme qui peuvent être Bacchus et Ariane ; sur la croupe de deux de ces centaures sont deux petits amours.

Dans ce tombeau qui est payen, avait été enseveli, au commencement du 9 e siècle, St. Mauront, Abbé de St. Victor et Évêque de Marseille.

N.° 32. Plusieurs chapitaux appartenant à des colonnes antiques.

N.° 33. Fragmens de tombeaux chrétiens tirés de divers lieux, parmi lesquels on doit distinguer celui qui est marqué N.° 33, à cause des draperies des deux personnages dont la tête manque, et du rouleau qu'un des deux personnages tient dans la main.

N.° 34. Fragment de Cippe qui se termine en ovale, destiné à servir de limite à un champ ; il porte l'inscription suivante :

IN F. P. XXII.

In fronte pedes. 22.

N.° 35. Tombeau chrétien, de marbre, représentant Jésus-Christ et cinq Apôtres tous séparés par des piliers.

Sur la frise du tombeau, on voit des agneaux, dont six vont de droite à gauche, et six dans un sens contraire.

N.° 36. Première Pierre du Couvent des Capucins de Marseille, posée par la Reine Catherine de Médicis et par Henri d'Angoulême, Grand-Prieur de France, fils naturel d'Henri Second.

On pourra voir dans le même local quelques Tableaux de grands maîtres, plusieurs Statues et bustes en plâtre.

PAGE 116.

ÉVÉNEMENS REMARQUABLES

RUE MAZADE.

(3) Charles IV, Roi des Espagnes et des Indes, après avoir séjourné quelques jours au château de St.-Joseph; est arrivé en cette ville le 3 novembre 1808. C'est dans cette rue que ce Prince infortuné de l'auguste Famille des Bourbons a demeuré jusqu'au 25 mai 1812, jour où il est parti de Marseille pour se rendre à Rome avec son épouse et son fils Dom Antonio. Il a emporté les regrets des bons Marseillais qu'il avait comblés de bienfaits et à qui sa mémoire sera toujours chère. Le départ précipité de ce respectable Monarque est dû au régicide THIBAUDEAU alors Préfet du Département.

Le 2 juillet 1814, année bien mémorable pour tous les vrais Français, Madame la Duchesse Douairière d'Orléans, venant de Mahon où elle s'était refugiée pour fuir la tyrannie de Buonaparte, est entrée au Lazaret de Marseille, d'où elle est sortie le 7 suivant pour aller à l'Hôtel de la Préfecture, ci-devant Hôtel de Mr. Roux-de-Corse. Elle a été reçue dans cette Ville avec un enthousiasme universel, on peut même dire un délire que la présence d'une Princesse de la famille des BOURBONS devait exciter dans l'âme des Marseillais: quoique quelques-uns aient été égarés autrefois par des suggestions perfides, la presque universalité des habitans n'a jamais cessé de conserver au fond du cœur les sentimens d'amour et de respect que doit attendre de tous les Français l'auguste Famille que nous voyons par un bienfait inespéré de la Providence, rétablie sur un trône qu'elle a illustré depuis tant de siècles.

Le Duc d'Orléans son fils, venant de Sicile, est entré au Lazaret de cette Ville le 12 août 1814, et à Marseille le 18 du même mois. Il a aussi occupé avec sa suite composée de cinq personnes, l'Hôtel de la Préfecture. On lui a rendu tous les honneurs dus à son rang.

C'est aussi dans le même hôtel que Son Altesse Royale MONSIEUR Frère de notre bon Roi LOUIS XVIII LE DÉSIRÉ a logé lors de son entrée triomphante dans la ville de Marseille, le 1.er octobre 1814. Ce Prince y fut reçu avec une joie impossible à peindre.

Le 12 mars 1815 est arrivé en cette Ville S. A. R. Monseigneur le DUC D'ANGOULÊME, pour repousser l'*usurpateur* qui avait débarqué à Cannes le 1.er dudit mois. La présence de ce Prince chéri consterna à cette époque tous les bons habitans attachés à leur Souverain légitime. Nous n'entreprendrons pas de retracer la conduite énergique, le sang-froid et le courage que déploya le Prince dans cette courte et mémorable campagne où la trahison triompha de toutes les vertus. Il nous suffit de dire que SON ALTESSE ROYALE montra en tout un digne descendant d'HENRI IV.

C'est le 16 octobre 1815 à six heures du soir qu'est arrivé en cettte Ville, Ferdinand-Charles-Léopold-François-Crescentius, PRINCE IMPÉRIAL, ARCHIDUC D'AUTRICHE, Prince Royal de Hongrie et de Bohême. Il y a demeuré deux jours. On lui a rendu les honneurs dus à son rang. Pendant son séjour il a logé à l'hôtel de la Préfecture et il a visité tous les édifices publics.

Le 26 du même mois et de la même année, la ville de Marseille a eu le bonheur de posséder une seconde fois avec plus de joie que la première MONSEIGNEUR LE DUC D'ANGOULÊME. Pendant le séjour qu'a fait Son Altesse Royale, elle a été accompagnée dans toutes les visites qu'elle a faites, par Mr. le Marquis de Montgrand, Officier de l'Ordre Royal de la Légion d'honneur, notre digne Maire, et par Mr. le Comte de Panisse, Chevalier de l'Ordre Royal Militaire de St. Louis, Inspecteur-général des Gardes Nationales du Département. L'un et l'autre ont acquis des droits sacrés à l'estime et à la reconnaissance de leurs concitoyens par la conduite ferme et courageuse qu'ils ont tenue dans des tems très-difficiles et dans des circonstances que nous avons lieu d'espérer de ne plus revoir.

La Princesse Caroline de Naples, Madame la Duchesse de Berry, est entrée au Lazaret de cette Ville le 21 mai 1816, et à Marseille le 30 du même mois. Son Altesse Royale a occupé avec une partie de sa suite l'hôtel de la Préfecture jusqu'au 3 juin, jour auquel elle est partie pour Paris. Pendant tout le tems que Marseille a eu le bonheur de posséder dans son sein cette auguste Princesse, on entendait de toutes parts les cris de *VIVE LE ROI ! VIVE LE DUC DE BERRY ! VIVE LA PRINCESSE CAROLINE ! VIVENT LES BOURBONS !*

S. A. R. voulut avant son départ, comme elle en avait fait le vœu, aller en pélerinage à N. D. de la Garde. Les Capitaines marchands qui l'avaient conduite deux jours après la remise, avaient obtenu par l'organe de M. le Chevalier de Ruyter, la permission de la porter sur leurs bras jusqu'à la Chapelle. S. A. R. fut sensible à la proposition de ces braves gens ; elle en avait remercié M. de Ruyter de la manière la plus obligeante, en faisant entendre qu'elle préférerait monter à pied.

S. A. R. arriva en calèche au bas de la montagne : elle fit à pied le reste du pélérinage, appuyée sur le bras de Mr. le Duc de Levis, son Chevalier d'honneur, et précédée de Mr. le Duc d'Havré, qui cheminait quelques pas devant.

S. A. R. fut reçue au bruit d'une salve d'artillerie. Il y eut messe dans la Chapelle, et musique, exécutée par des amateurs.

Mr. le Marquis de Montgrand ayant suivi à Aix le cortège de la Princesse, S. A. R. lui a témoigné le plaisir qu'elle avait de le retrouver, et l'a chargé de témoigner aux habitans de la bonne ville de Marseille, sa vive satisfaction pour tous les honneurs qu'on lui a rendus : elle a en même tems remis à Mr. le Maire, une somme de 4000 fr., pour être par lui répartie, selon les quotités déterminées, aux diverses Administrations de Bienfaisance, aux Dames Capucines et à des personnes désignées par S. A. R.

FABLES PROVENÇALES

Par M. GROS.

FABLO I.

Lei Ratos et lou Flascou.

Dous ratouns bouens amis, esten per orto un jour
Din sei galaries ourdinaris
Que soun granies, estagieros, armaris,
Trobouu un flascoulet tapa, qu'à soun oudour
Jugeoun plen d'oli fin; velei s'aquito en festo,
Si delegoun, fan tour sur tour:
Et de l'abasima d'abord li ven en testo.
Lou pu fouer s'apountelo au soou,
S'esquicho, enpigne, fa esquineto;
L'autre doou ta pren la courdeto,
Fa fouerso, tiro, et fa tout ce que poou
Per l'en pau boulega. Mai noun li'a ren à faire,
Tous seis efforts, pecaire,
Amoussarien pas un calen.
Las, fatigas, prenoùn alen.
Quand l'un dei boustigouns dis à l'autre, coumpaire,
Fasen pas reflecien que ce que fen, voou ren;
Mi ven uno milloũe pensado;
Qu'es de rata lou tap, ensuito de saussa
Noüestrei coües din lou flascou, et puis de lei sussa.
Tant fa, tant ba. La cauvo es aprouvado.
Lou tap es assiegea, mounloun à l'escalado!
Roũigoun tant, qu'a la fin lou Flascou est destapa,
Fan navega lei coue, vague de lei lipa,
Tiro, lipo, lipo, bouto,
N'en leisseroun pas uno gouto.
Engien voou mai que fouerço en qu soou s'entraina.

FABLO II.

L'Esquiroou et la Castaigno.

Un esquiroou troubet à jun
Uno castaigno doou gros grun,
Lizo, fresco, couroüe. Bon, dis din soun lengagi,
Eissoto va ben ! boüen couragi ;
Veici tout just ce que mi foou
Per countenta ma fam et rampli ma bedeno.
Esquiroous, coumo cadun soou
Eme pau cauvo fan calleno.
Tout jouïous s'en sesis, s'asseto encouutinen ;
Requauquillo sa coüe, puis din sei pato viro,
Reviro, sente, admiro
Esto castaigno, et puis li calo un coou de dent,
Mai reneguet ben leou sa vido
Quand la troubet touto pourrido,
Vermenoüe, nue noun valie ren.
Aquel esquiroou nous apren
À pas jugea dei gens, coumo eou de la castaigno,
N'en vian souven
Qu'an lou defouero beou, de dintre es la magaigno.

FABLO III.

Lou Poulas esplumassa.

Que fa bouen battre un glourivoux,
Gardo sei coous d'un air jouious,
Tandis que lou verin en secret lou devoro.
Certain cacaraca, courtisan de l'oouroro,
Beou, fier, et d'un port majestous,
Dispousavo seloun soun goust
D'un gentil pople de coutonos ;
N'avie tant et piei mai,
De toutei lei couleur, de grandeos, de pichounos ;
Anfin sa cour ero un serrai.
Nouestre sultan un jour ves, et si pesco
D'uno galino barbaresco,
Que fasie la felicita
D'un poulas que n'avie qu'ello per tout partagi.
Soun amour et sa vanita.
Soun pas d'humour d'espera davantagi.
Cres que n'a qu'à si presenta

Per que senso difficulta
Esto bello Affriqueno accepte soun aumagi.
Tallo maniero de pensa
Es de l'ourguillous l'apanagi.
Devant l'aoubo la va trouba :
L'aprocho, la revillo,
Puis per façoun li caqueto à l'oourillo ;
Et puis pique doou pét em'un air de fierta,
Tirasso l'allo, s'enarquillo ;
Fa tant, dis tant, qu'esvillo soun rivau,
Qu'eme furour d'abord li declaro la guerro ;
Li beou lou ven d'un bec moustau,
Plumo et coue soun per l'air, troües de cresto per terro.
Que revers per nouestre galan !
Que tout esplumassa, vargoüignous et sanglan ;
Reven chez eou en estouffan sa laigno.
Lou jour si fa. Galignos en campaigno.
Ges de poulas ! qu'es devengu ! noun sai.
Qu'espectacle ! lou vien din d'aquel équipagi
Dins un cantoun ! qu'emprontan un air gai
Li ten d'abord estou lengagi :
N'avés pas esto nuech senti lei pipidoun ?
La maudicho engenço que soun ;
M'an pensa fa deveni lebre !
A foüesso de m'espepicouna
Mi sieou per tout despoudera,
Et méme cresi qu'ai la febre.
Vai dich un coou, va dirsi dous,
Que fa boüen battre un glourivous.

FABLO IV.

Lei dous Loups.

Un jour un loup vieil descarna
Sarquavo à si desparjuna :
Lou paure diable s'en anavo
Testo souto, balin, balan,
Et sur sa vido, en caminan,
Per enterin mouralisavo.
Qu'es devengut, entr'eou disie,
Aqueou ten que Marto fielavo !
De iloups éres lou capoulie,

Din l'abonda si gouenflavoun,
Davan de tu cadun fugie ;
Aves, cans, pastres, tous cridavoun ;
Vel'cici, gato lou barban !
Aro lou mendre brut t'estouno ;
Uno mouseo t'es un tavan :
Parens, socis, tout t'abandouno,
Et n'as pas sans alimen ren.
En fen aquecou resounamen,
Ves un hallan de soun espeço
Qu'à soun aise boutavo en péço
Un moutoun gros et gras à lard.
D'abord la joio l'estoufeguo,
Deis ũeils l'empasso, si deleguo ;
Et si penso : n'auras ta part,
Si counoissen, sian camarado,
Même autrei fés ly ai fa plési.
Adounc, em'un air loumboori
Humblamen li fa la coulado,
Et li dis : bouen jour, moun ami,
Fa bouen estre vous ; fés l'empéri :
Quadenoun, lou bel animau !
Permettes que n'en mangi un pau :
Moueri de fan et de miseri ;
Din lou besoun l'ami si ves.
L'autre d'un ton plein de mespres
En li moustran sei trissadouiro,
Li respouende : que tant d'ami !
Qu sies, vileno rato-souiro ?
Anen, sus, parté, crese-mi ;
Qu'hors d'aquo ti levi la fédo,
Lou miserable, ben surprés,
Va si fet pas dire doues fes ;
La quoue basso, grato pinedo
En remoumian : aquo es fini,
La pauvreta n'a ges d'ami.

NOMS

Des Principales Places, Boulevards et Rues de Marseille, qu'on avait eu soin dans la révolution de désigner par des noms républicains.

ALLÉES

de Meilhan
des Capucines.

BOULEVARDS

de Belloy.
de Bourbon.
Dumuy.
Fongate.
des Dames.
Noailles.
du Musée.
de la Paix.
d'Enghien.
COURS des Phocéens.
COURS Gouffet.
COURS Julien
COURS Lieutaud.
COURS du Chapitre.
COURS Villiers.
PLAINE St.-Michel.

PLACES

St.-Louis.
de la Comédie.
de la Loge.
de la porte d'Aix.
extérieure de la porte d'Aix.
de la Major.
de la porte de Rome.
intérieure de la porte de Rome.
des Augustines.
du Cul-de-Bœuf.
des Dominicains.

PLACES

des Grands-Carmes.
du Marché des Capucins.
de Noailles.
de Lenche.
de l'Observance
de Vivaux.
des Fainéans.
de l'Oriol.
de Lorette.
de l'ancienne Comédie.
du Mont-de-Piété.
du Cheval blanc.
du Palais.
du petit Mazeau.
de Jean Guin.
St-Jean.
Neuve.
Pentagone, hors la porte d'Aix.
St.-Ferréol.
St.-Martin.
Notre-Dame-du-Mont.
des Hommes.
Castellane.
Monthion.
Royale.
de la Garde.
St.-Laurent.
St-Sauveur.
St.-Victor.
du Terras.
de la Tourrette.
de la porte d'Aubagne.

POISSONNERIES

St.-Jean.
Vieille.
Neuve.
de l'ancienne Comédie.

QUAIS

du Dauphin.
Royal.
du Port.
de Rive-Neuve.
Monsieur.

RUES

Abbé Feraud.
Acacia.
Académie.
des Lis, près le Chapitre.
d'Aix.
d'Albertas.
d'Allauch,.
de l'Amandier (rue neuve).
de l'Arbre.
des Archers.
d'Arcole.
des Argentières.
de l'Armeny.
de l'Arsenal.
de l'ancien Monastère de Sion
d'Aubagne.
des Auffiers.
des Augustins.
de l'Annone, v. q.
d'Austerlitz, pr. le c. Gouffet:
Fontaine Ste.-Anne.
des anciens Récollets.
du vieux Concert et Venture.
du Baignoir, ci.dev. grand-St.-Jean.
de Ballard, vieux quartiers.
des Bannieres, idem.
Traverse des Bannières.
de Barthelemy.

RUES.

Basse St.-Jacques.
de Beaussenque, v. q.
Traverse Beaussenque, id.
de Beausset.
de Beauvau.
de Beaumont, près les Allées,
des Beaux-Arts.
de la Belle Marinière, v. q.
du Bel Air
des Belles Écuelles, v. q.
de Belle Table.
de Belloy.
de Belzunce ou des Nobles.
des Bergers.
du Bernard-du-Bois.
du Bernard-de-Berre, v. q.
des Bernardines.
de Bon Juan, v. q.
de Bompart, id.
des Bombes, id.
des Bons Enfans, à la Plaine.
du Bon Pasteur, porte d'Aix.
du Bon Jésus.
des Bons Hommes.
de la Bonneterie, v. q.
du Bouleau, idem.
des Boucheries, idem.
Bouterie, idem.
de Bourgogne, idem.
de Bréteuil.
de Briolie, idem.
de Brusques.
de Bussi l'Indien, terrein des Minimes.
de la Bute.
de la Caisse de mort, v. q.
de la Caisserie, idem.
de la première Calade.
de la seconde Calade.
de la troisième Calade.
de la quatrième Calade.
de la Calandre, v. q.
des Caves de l'Oratoire, id.

RUES	RUES
de la Campane, v. q.	des Convalescens.
de Cambe d'Araire, idem.	Traverse des Convalescens
de Cambe d'Aragne, idem.	des Cordelles, v. q.
Canebière.	des Cordelleries, idem.
Canonge, v. q.	de la Corderie.
des Carmelins, v. q.	de Corneille.
des Cartiers, idem.	de la Couronne, v. q.
Traverse des Cartiers, id.	de la Coutellerie.
de Castillon, idem.	Traverse de la Coutellerie.
de la Chaîne, idem.	de la Croix.
du Champ-Major, idem.	de la Croix de Malte.
du Chantier.	de la Croix d'or.
de la Charité, v. q.	de la Croix de Reynier.
Traverse de la Charité.	de Crudère.
des Chartreux.	du Cul-de-Bœuf.
de Château-Redon.	Cul-de-sac de la rue Bernard-du-Bois.
Château-Follet, v. q.	de Curiol.
Château-Joly, idem.	de Curaterie vieille, v. q.
Traverse de Château-Joly.	des Cyprès.
Château-Payan, à la Plaine.	de la Darce.
des Chapeliers.	Delille.
Chemin neuf de la Magdel.	Desaix, faub. d'Aix.
Chemin de Belle-de-Mai.	Désirée, hors la porte d'Aix.
Chemin de Briquet.	des Dominicains.
Chemin d'Endoume.	des Dominicaines.
Chemin de la Joliette.	Dragons, hors la p. Paradis.
Chemin du Lazaret.	des Deux Empereurs.
Chemin St.-Charles.	Duguesclin.
du Chêne.	Dumarsais.
du Cheval blanc.	Duperier, v. q.
de la Citadelle.	de l'Échelle, idem.
Claret. v. q.	de l'Éclipse, près la raffinerie de M. Renard.
du Clavier, idem.	de l'Embouquier, v. q.
de la Clovisse, idem.	Endoume, près St.-Victor.
de la Colonne, idem.	des Enfans Abandonnés.
du Colombier, idem.	d'Eutimenès.
du Coin de Cabrié, idem.	de l'Éperon, v. q.
du Coin de l'Humilité, idem	de l'Étrieu, près le Cours.
du Coin de Reboul, idem.	Étroite, v. q.
de la Comète.	de l'Évêché, idem.
du Concordat, v. q.	
des Consuls, idem.	

RUES	RUES
des Fabres.	des Gerbes.
des Faisses rouges, v. q.	Gerin.
de la Fare.	de la Giperie, v. q.
de Farinière, v. q.	de la Glace.
Fauchier.	de Glandevés.
Ferrary.	des Graffins, v. q.
des Ferrats, v. q.	des Grands-Carmes, idem.
des Feuillans.	des Grandes-Maries.
des Fiacres.	Grande Roquebarbe.
de la Figuière, v. q.	du Grand Chemin d'Aix.
de Figuier-de-cassis, idem.	du Grand Chemin de Rome.
de la Filouse, idem.	de la Grande Armée.
de la Foire, idem.	de la Grande Horloge.
du Foie de bœuf, idem.	Grand'Rue.
de la nouvelle Fonderie, id.	du Grand-Puits.
de la vieille Fonderie, id.	de Grignan.
de Fongate.	Gros-Canon, v. q.
Fontaine de l'Aumône, v. q.	Grotte de-Village.
Fontaine de l'Armeny, id.	Guintrand, idem.
Fontaine de Cailus.	Guirlande, idem.
Traverse fontaine de Cailus	Haxo, terrein des Carmes.
Fontaine St.-Claude, v. q.	des Heros.
Fontaine du St-Esprit, idem.	des Honneurs, v. q.
Fontaine de Moïse, idem.	des Huguenots, idem.
Fontaine de la Mure, idem.	Icardins, idem.
Fontaine du gros canon, id.	Ingariennes, idem.
Fontaine neuve, id.	Isnard, idem.
Fontaine des Olives, idem.	Jannetins, idem.
Fontaine de la Pissette, id.	Jean Galant.
Fontaine Rouvière, idem.	Iena.
Fontaine de la Samaritaine.	de Jérusalem.
Fontaine des Vents.	du Jeune Anacharsis, terrein des Carmes.
Fontaine St-Laurent	du Joly Bourg, v. q.
de Fontange, à la Plaine.	de la Joliette
de Fôrtia.	Josephine, pr. le cours Gouffet
Fort de N. D. de la Garde.	Joachim.
du Four du Chapitre.	du Juge-de-Palais.
Frieland, près le cours Gouffet	de la Juiverie, v. q.
de Galinière, v. q.	des Incurables.
de Gambouy, idem.	Labadie.
des Gassins, idem	de Lafond.
de Gaspary, v. q.	Latour.
de Gauderie, idem.	Lancerie, v. q.
des Gavottes.	

RUES

Lanternerie, v. q.
Laurier.
de Lemaitre.
Lit des Gavaux.
de la Loge.
du Loisir.
Longue des Capucins.
de Lorette, v. q.
de la Loubiere, à la Plaine.
de la Lune blanche, v. q.
de la Lune d'or, idem.
du Lycée.
Malaval, v. q.
Malaucenne, idem.
du Marché des Capucins.
Maringo.
des Marqoises.
des Marseillaises.
des Martégales, v. q.
de Martin, aux Allées.
Mascaron.
Maucouinat.
des Mauvestis.
Mazade. de Montgrand.
Mayousse.
Meolan.
Minimes.
de la Miséricorde.
Miradou.
de la Mission de France.
de Molière,
Montaud.
de Montbrion.
Montée des Accoules.
Montée du St-Esprit,
Montée de la fontaine du St.-Esprit.
Montée de N. D. de la Garde
Mont-de-Piété.
Traverse du Mont-de-Piété
des Moulins, v. q.
Moulin-Chabaud, idem.
Moulin d'huile, idem.
Moustier, idem.

RUES

Moïse, v. q.
des Muettes, idem.
du Muguet, idem.
de la Mûre.
du Mûrier, v. q.
du Musée.
Naud, à la Plaine.
de Négrel, v. q.
Neuve des Augustins.
Neuve.
Neuve Ste. Catherine en R. N.
Neuve St.-Martin., v. q.
Neuve du Moulin, idem.
de Noailles.
de Nuit, v. q.
des Olives, idem.
Olivier.
de l'Ormeau, cul-de-sac des Bergers.
de la Paix.
du Palmier.
de la Palud.
du Panier, v. q.
Paradis.
Pastourel, près le cours Julien
de Patat.
Paty de Chaine et Farinette.
du Pavé d'Amour.
du Pavillon.
des Pénitens bleus, v. q.
de Perdigone, idem.
Perier.
du Peuple.
Petit-Maucouina.
Petit-St.-Gilles.
Petit-St-Giniés.
du Petit-Cimetière.
des Petites-Maries.
Traverse des petites-Maries
des Petits-Pères.
du Petit-Mazeau.
Petit-Puits, v. q.
Petite-Roquebarbe, idem.
Petite rue de Rome.

RUES

Pétite-Jérusalem.
des Phocéens.
de la Pierre-qui-rage.
Pierre-du-Moulin.
du Pin.
de Pisançon.
de Piscatoris.
de la Pissette.
des Pistoles.
du Platane.
du Poids de la Farine.
Point du jour.
Poirier.
du Pont.
Porte Beaussenque.
de la Poissonnerie vieille, v. q.
Traverse de la Poissonnerie vieille.
du Prat.
des Prêcheurs.
des Princes.
de la Prison.
de la Providence.
des Puces, à la Plaine St.-Michel.
des Pucelles.
de Puget.
du Puits St-Antoine, v. q.
Puits Baussenque, idem.
Puits du Denier, idem.
de la Pyramide, idem.
des Quatre Pâtissiers.
des Quatre Tours.
Rameau.
des Recollettes
du Refuge.
du Renard.
du Relais.
de la Reynarde.
Rencontre.
des Repenties, v. q.
Requisnovi, idem
Rigord.
Robe-Verte, v. q.

RUES

Robert.
Rodillat.
de Rome.
de Rompe-Cul, v. q.
Roquebarbe, idem.
de la Roquette, idem.
de la Rose, idem.
Rotonde.
Roudeau, v. q.
Rouge, près la Major.
Rouvière.
St.-Antoine.
St.-Basile.
St.-Cannat.
St.-Charles.
St.-Christophe.
St.-Dominique.
St.-Ferréol.
St.-Ferréol-le-Vieux.
St.-François-de-Paule.
St.-Gilles, pr. la pl. des Hom.
St.-Jacques.
St.-Jaume.
St.-Joseph, v. q.
St.-Julien.
St.-Laurent, v. q.
St.-Martin, idem.
St.-Mathieu, idem.
St.-Maurice, idem.
St.-Pierre-Martyr, idem.
St.-Pons
St.-Savournin.
St.-Suffren.
St.-Sépulchre près les Récolets.
St.-Théodore.
St.-Victor.
St.-Victoret.
Ste.-Anne, v. q.
Ste.-Barbe, idem.
Ste.-Catherine.
Ste.-Claire, v. q.
Traverse Ste.-Claire, id.
Ste.-Croix.
Ste.-Elisabeth, v. q.
Ste.-Françoise, v. q.

RUES

Ste.-Julie, traverse des fiacres
Ste.-Marthe, v. q.
Ste.-Pauline.
Ste.-Victoire.
Sainte.
de la Salle, v. q.
de la Samaritaine, idem.
du Saule.
du Séminaire, faub. d'Aix.
Sénac.
Traverse de la rue Sénac.
Sept Maisons.
de Servian.
Servian de la Figuière, v. q.
de Siam.
Sibié, à la Plaine.
Siffleurs.
Silvabelle.
de Sion, près St. Martin.
Socrate, derrière les Réformés
des Soleillets, v. q.
de Suffren.
des Tamaris, v. q.
Tapis-vert.
Tarasque, v. q.
Tasse d'argent, idem.
de la Taulière, idem.
de la Taulisse, idem.
des Templiers.
du Théâtre Français.
Théologal, v. q.
Thiars, près le grand théâtre.
Dauphine.
St.-Thomé, v. q.
Traverse St.-Thomé.
Thubaneau.
Tilsit, près le cours Gouffet.
du Timon.
Torte, v. q.

RUES

Tourrette, v. q.
Traverse de la Magdelaine.
Traverse de la Fontaine de l'Aumône, v. q.
de la Treille, idem.
des Treize Coins.
des Treize Escaliers, faub. d'Aix.
de la Trinité, v. q.
Trigance, idem.
de la Triperie, idem.
des Trois Fours, idem.
Trois Mages, près la Plaine.
des Trois Rois.
des Trois Soleils, v. q.
des Trompeurs, idem.
du Trou des Monges, idem.
du Trou Moustier, idem.
du Trou d'Airain, idem.
de la Tulippe, idem.
de Turenne, près le Trou des Masques.
des Tyrans, en Rive-Neuve
de Vacon.
de Ventomagi.
Venture.
des Vergers.
de la Vieille Cuiraterie.
de la Vieille Monnaie.
de la Vierge de la Garde.
Vieux Chemin de Rome.
Vieux Chemin de la Magdelaine.
des Vieux Enfans abandonnés, v. q.
Traverse idem.
du Vieux Palais, idem.
des Vignerons.

FIN.

TABLE

Des Matières contenues dans cet Ouvrage.

Epitre Dédicatoire . . . . page vij
Préface ix
Abrégé de l'Histoire de Marseille 1
Succession abrégée des Comtes de Provence . . 10
Combat sanglant entre les Aragonais et les Marseillais 20
Marseille pillee par les villageois circonvoisins . . 21
Le Roi René succede à son frère Louis III . . . 22
En 1507, port glacé 23
En 1580, la peste fit périr à Marseille 20,000 personnes 26
Conspiration de Libertat contre Casaulx . . . 27
Peste de 1720 33
Établissemens religieux 44
L'origine de la course du cheval de St. Victor . . 48
Hommes illustres 67
Anciens Monumens, avec une note 72
Portes de Marseille 74
Abbaye de St. Victor, avec une note. 75
Arsenal 76
Château-Babon 78
La Major 79
Fort N. D. de la Garde. Château-d'If 80
La Tour-Maubert. Aqueducs. Grande-Horloge. Hôtel-de-Ville 81
Infirmeries. Les Bains. La Monnaie. Les Armoiries, 82
Synagogue. Palais. La Tourrette. Maison Episcopale. 83
Halles 84
TABLEAU DE MARSEILLE. Chapitre Ier. Administration 85
Chapitre II. Établissemens 87
Chapitre III. Commerce. 93
Chapitre IV. Division de la Ville. Beaux Quartiers 96
Chapitre V. Continuation du même sujet . . 108
Chapitre VI. Vieux Quartiers 227
Chapitre VII. Continuation du même sujet . . 142
Chapitre VIII. Population, Caractère, etc. . 159
Chapitre IX. Climat, Productions, Campagnes voisines, etc. 173
Notes et Fables 180

FIN DE LA TABLE.

PRÉCIS HISTORIQUE

De tous les Évènemens remarquables arrivés à MARSEILLE depuis 1789 jusqu'au 25 Juin 1815, journée mémorable où l'on apprit la défaite totale de l'armée de l'*usurpateur*, à WATERLOO.

Ce Précis contient aussi quelques détails très-curieux sur la Révolution Française, l'exposé des CRIMES des JACOBINS et des FÉDÉRÉS de plusieurs Villes du Midi, notamment de MARSEILLE, NISMES, ARLES, AVIGNON, BEDOUIN, TOULON, etc. etc. etc.

Alors tout était crime excepté le crime lui-même.

Le tout a été recueilli et rédigé par un vrai ami de la Religion et du Trône.

MARSEILLE,

Au Dépôt de Livres chez CHARDON, Libraire, à la Canebière.

1817.

VIVENT LES BOURBONS!

Prix 5 fr. broché en papier fin.

CE QUE NOUS ÉTIONS EN 1789, 1790, 1791, 1792, 1793, etc. etc.
CE QUE NOUS SOMMES AUJOURD'HUI DEPUIS L'HEUREUX RETOUR DES BOURBONS.

Pag. 57. (*a*) En parlant de l'Église des Pères Prêcheurs, il nous sera permis de rappeler à nos petits-neveux une partie des maux qui ont plané pendant environ vingt-six ans sur cette ville, ainsi que sur toute la France. Ces maux ont été pour Marseille plus funestes que la peste de 1720.

Cette Église a servi de Temple de la Raison dans ces tems de folie (en 1793 et 1794), tems où l'on forçait les habitans à travailler les Dimanches et Fêtes, et à ne plus reconnaître que trois jours de repos dans le courant de chaque mois. Ces Fêtes étaient appelées *Décades*. On était obligé de les célébrer sous peine de punition corporelle. On chantait ces jours-là dans le Temple de la Raison, les chansons les plus *obscènes* en l'honneur de cette *Déesse* qu'on avait voulu diviniser; afin qu'on oubliât entièrement toutes les anciennes institutions chrétiennes, on changea tout jusqu'au *Calendrier Grégorien*. On en fit un nouveau pour qu'on ne reconnût plus les jours de Dimanches et de Fêtes, pas même ceux de la semaine et les noms de Saints et de Saintes.

La Convention Nationale finit par décréter que l'Ère de la République qu'elle venait d'établir commencerait le 21 Septembre 1792. On appela le premier mois de l'année du nom de *Vendémiaire*; les autres mois étaient dénommés *Brumaire*, *Frimaire*, *Nivose*, *Pluviose*, *Ventose*, *Germinal*, *Floréal*, *Prairéal*, *Messidor*, *Thermidor*, *Fructidor*. Chaque mois n'était composé que de 30 jours. Les cinq à six jours qui se trouvaient de plus furent appelés, la première année, jours *Sans-culottides*, parce que les citoyens Jacobins se qualifiaient du nom de *Sans-culottes*, quoiqu'ils fussent mieux vêtus que les honnêtes gens qu'ils dépouillaient de tout.

Ces jours *Sans-culottides* furent ensuite nommés *Complémentaires*, et désignés pour être des jours de Fêtes. On finit par ne plus les fêter. Les jours de la semaine furent dénommés par ces mots, *Primidi*, *Duodi*, *Tridi*, *Quartidi*, *Quintidi*, *Sextidi*, *Septidi*, *Octidi*, *Nonidi* et *Decadi*. Les noms de Saints et de Saintes furent remplacés par ceux de *Choux*, *Citrouille*, *Epinard*, *Haricot*, *Lentille*, *Melon*, *Rave*, *Raisin*, *Fève*, *Betterave*, etc. etc. On célébrait dans le courant de l'année plusieurs fêtes plus ridicules les unes que les autres. On appelait ce calendrier le *Calendrier Républicain*.

Ces monstres portèrent l'impiété (pendant ces jours-là) jusqu'à faire boire dans des vases sacrés des ânes revêtus d'ornemens pontificaux qu'ils promenaient dans les rues, lors de leurs fêtes bachiques ; et enfin la prostitution elle-même s'étonna de voir le Royaume très-chrétien à ses genoux.

Dieu fut banni de ses temples ; *Marat* eut des autels, quand l'Éternel n'en avait plus !

L'existence de Dieu fut même mise en problême.

Robespierre voyant que son système d'athéisme ne pouvait s'établir, fit décréter que le Peuple Français reconnaissait l'*Être-Suprême et l'immortalité de l'ame*. C'est ainsi qu'on se jouait de la nation. Bientôt on lut cette inscription sur la façade des temples, mais bientôt aussi le tyran tomba. la France applaudit, et la joie ranima tous les cœurs. Ce régne de 18 mois est un exemple frappant de ce que peut, de ce dont est capable l'homme sans frein, sans religion, livré à lui-même, à une imagination en délire....

C'est ainsi qu'en moins de 30 ans, à force de parler contre le trône et l'autel, on est parvenu au point de démoraliser le peuple le plus religieux et le plus attaché à son Souverain.

ÉGLISE DES GRANDS-CARMES.

Pag. 57. (*b*) Il y avait à la façade de cette Église une grande pierre sur laquelle on avait inscrit les noms de tous les *prétendus Marseillais* qui avaient contribué à la journée du 10 août 1792, journée fatale à la France, puisqu'elle fut le prélude d'autres journées plus funestes encore, et de tous les forfaits qui ont affligé notre pauvre patrie. Ces mêmes hommes dont quelques-uns jouent aujourd'hui le rôle d'honnêtes gens, figurèrent aussi aux terribles époques des 2, 3, 4, 5, 6 et 7 septembre 1792, pendant lesquelles on massacra dans les prisons de Paris 8 à

9000 personnes de tout sexe, de tout rang et de tout âge. Du nombre de ces victimes étaient des pasteurs dignes de la primitive Église. Mgneurs. DULAU, Archevêque d'Arles, l'Évêque DE BEAUVAIS, l'Évêque DE SAINTES, etc. etc.; la vertueuse Princesse DE LAMBALLE fut aussi massacrée, à cause de son attachement au Roi. Danton était le chef de ces massacres, et il gouverna pendant ce tems l'anarchie.

A ces journées succédèrent d'abord celle du 21 septembre 1792, jour où l'Assemblée décréta l'abolition de la Royauté; ensuite celle du 21 *Janvier* 1793, journée à jamais déplorable pour la France qui vit martyriser son bon Souverain par une poignée de factieux. De ce jour data la tyrannie qui sous différentes formes a pesé sur cette Ville jusqu'au 8 juillet 1815.

Quelques-uns de ces *soi-disant Marseillais* ne voulurent pas partir de Paris sans avoir auparavant trempé leur mouchoir dans le sang du meilleur des Princes qu'ils ne rougirent pas de qualifier de tyran. Le testament qu'il nous a laissé prouve bien évidemment si un tel Monarque a jamais mérité ce nom.

Cette pierre qu'on avait mise à la façade de cette Église nous eût fait connaître les plus grands *anarchistes* qui avaient assisté à toutes ces scènes d'horreurs; elle fut enlevée en l'an 1796 par les soins de ceux qui avaient l'intérêt le plus marqué à faire disparaître ce honteux monument de scélératesse.

Dix Août, deux Septembre 1792, *VINGT-UN JANVIER* 1793, jours de sang et de deuil, soyez à jamais proscrits dans les fastes du monde! vous aviez été préparés par des journées non moins exécrables: *le 28 décembre* 1788, *le* 17 *Juin*, *le* 14 *Juillet*, *le* 5 *Octobre* 1789, *le* 4 *Février* 1790, *le* 28 *Février*, le 18 *Avril*, *le* 24 *Juin* 1791, *le* 20 *Juin* 1792, laisseront toujours le souvenir de leur horrible anniversaire.

Au milieu de toutes ces catastrophes sanglantes, reconnaissons le doigt sacré de Dieu dans le sort que nous avons éprouvé.

Deux Rois, une Reine, un grand Prince (le Duc d'Enghien), une Princesse du sang, des Ecclésiastiques, des Ministres, des Gentils-hommes de tous les grades, des bourgeois, des avocats, des marchands, des artisans, des laboureurs, des pauvres ont péri dans cette révolution. Adorons les jugemens de Dieu, humilions-nous devant l'Éternel espérons que sa colère est appaisée, et qu'il détournera pour toujours de dessus nos têtes d'aussi affreuses calamités.

MALHEUREUSE FRANCE ! tu ne fus pas la seule livrée à l'infortune, ton Roi ne fut pas seul offert en holocauste, en expiation des crimes de la terre. Tous les Royaumes voisins, toutes les parties du globe ont eu leurs jours de deuil.

MARSEILLE Cité celèbre qui a éprouvé tant de malheurs sera justifiée dans l'histoire de toutes les atrocités dont on a voulu la noircir, elle a été bien plus calomniée que coupable. Son nom a servi à couvrir de grands crimes, dont les auteurs étaient de tous les pays ; dans ce fameux Bataillon du 10 AOUT qui a obtenu dans la Capitale, une si terrible célébrité, il n'y avait pas *Vingt Marseillais*.

RUE THUBANEAU.

Pag. 101. (*b*) C'est dans cette rue que se trouvait la *Salle du Jeu de Paume*, aujourd'hui celle du Concert de MM. les Amateurs. Il s'y est tenu, en 1792, 1793 et 1794, le fameux Club des Jacobins (autrement dit Société des Jacobins) qui correspondait avec ceux de Paris et des Départemens, afin de mieux organiser le crime. Fouler aux pieds les institutions divines et humaines, se jouer de la religion du serment, envahir les propriétés, provoquer les massacres, voilà ce que progressivement il prêcha et exécuta. Le principe prétendu de la souveraineté du peuple, source intarissable de maux, devenait le prétexte de ses attentats publics et privés. Les ramifications de cette secte impie s'étendirent dans les provinces, dans les villes, les bourgs, et jusques dans les plus petits hameaux : la France entière fut soumise à son action toute-puissante. Ce Club était le foyer de l'intrigue et le repaire de tous les brigands. Le costume des Jacobins était affreux, ils avaient les cheveux coupés à la *Titus* et tout crasseux, avec de grandes moustaches et de longs favoris qui allaient jusques sous le menton ; ils ressemblaient à des *bêtes fauves*. Ils étaient coiffés d'un bonnet à *poil*, et lorsqu'ils assistaient à leurs conciliabules ou à leurs comités, ils s'affublaient d'un *Bonnet rouge* ; la plupart se fesaient même une gloire de le porter dans les rues. Leurs femmes, pour se distinguer des femmes honnêtes, en portaient un petit attaché à leur coiffe avec une cocarde aux *trois couleurs*. Ils avaient un habit ou une veste bleue avec un collet rouge et des boutons jaunes sur lesquels il y avait ces mots, *Liberté ou la mort*. Ils étaient toujours armés de deux pistolets et d'un sabre à la mammeluck qu'ils laissaient traîner sur le pavé pour en imposer aux gens de bien. Ces Jacobins étaient presque tous sortis de la lie du peuple, vrais athées, êtres immoraux que l'enfer avait vomis sur la terre pour le malheur de l'humanité. La nature, la religion et la justice étaient journellement outragées par ces héros de crime.

La plus grande partie de ces séditieux qui se fesaient appeler *Sans-culottes*, étaient conduits par une horde d'exécrables forcénés, en un mot par tout ce qu'il y avait de plus sanguinaire soit à Paris, sois dans les Départemens; quoiqu'ils se qualifiassent du titre de *Frères et Amis*, ils étaient tous de vrais tyranneaux qui ne cessaient de faire pleuvoir des dénonciations sur les familles les plus respectables, riches, nobles, prêtres, artisans ou pauvres et principalement sur les gens instruits.

Ces forcénés disaient qu'il ne fallait point d'humanité en révolution, et qu'un bon montagnard devait pour régénérer une nation, tout *casser*, tout *briser*, tout *incarcérer*, tout *juger*, tout *déporter*, tout *guillotiner*. C'était dans ce Club que se faisaient les motions les plus sanguinaires, les plus féroces, et tout ce qui respirait le sang y était applaudi. Personne n'était plus despote, plus cruel et plus ennemi des vertus sociales et domestiques que ces moteurs de tous les forfaits. Aussitôt qu'ils avaient fait mettre quelqu'un en prison, ils s'emparaient de sa maison ou de son hôtel, de tout ce qu'il y avait et s'y faisaient servir les mets les plus recherchés, tandis que bien des malheureux avaient à peine du pain noir et buvaient de l'eau, et pour ces amis de l'*égalité et de la loi agraire* les restaurateurs n'avaient rien d'assez friand.

Un nommé Chaumette, fils d'un mauvais cordonnier de Nevers, proposa dans un de ces repaires de rassembler tous les jeunes gens qui ne voulaient pas partir pour les frontières, et de les mitrailler. Ce même scélérat avait ordonné de fouiller les prisonniers, et de les désarmer de couteaux, fourchettes et autres ustensiles. Il fit abréger les formes de jugemens révolutionnaires, quoiqu'elles fussent assez expéditives. Ce fut ce monstre qui demanda de faire construire une guillotine ambulante qui irait à la suite de l'armée révolutionnaire, pour, disait-il, verser avec profusion le sang des aristocrates. C'est ce que ROBESPIERRE approuva.

ROBESPIERRE ! nom qui ne doit s'écrire qu'avec du sang ! Tyran impitoyable, plus despote que Sylla, plus soupçonneux que Tibere, plus avide de meurtres que Neron. L'horreur des attentats qu'il allait commettre, ne fit jamais reculer, dans sa marche révolutionnaire, ce monstre, nommé par les Jacobins l'*incorruptible*.

Il ne connut d'autre mode de domination que la mort : il l'etendit à tout, l'ordonna de sang-froid. Frapper isolément des individus, ne fut pas assez pour lui ; il se repaissait d'avance du plaisir d'immoler à la fois des familles, des classes entières. Pour assurer ou multiplier ses massacres, il mit des obstacles à la fuite des personnes que la terreur forçait de s'expatrier, ou les ramena par des promesses trompeuses. Dans le cours de deux années, ROBESPIERRE promena sur la France la faulx de la mort. Une loi confisquait les biens des victimes immolées à ses fureurs (*). Des milliers d'agens étaient à ses ordres ; et, le dirons-nous ? la Convention nationale, les Autorités constituées, les Corps administratifs, les Tribunaux de justice, les Gardes nationales, les Jacobins, les Armées elles-mêmes servirent les cruautés de ce tigre...... Ignominie éternelle ! opprobre ineffaçable de notre nation !

Maximilien Robespierre, né en 1759 à Arras, capitale de l'Artois, et placé dans un collège par la charité de l'Évêque d'Arras, n'avait rien de ce qui, communément, détermine l'amour ou la soumission de la multitude ; aucune qualité morale ne compensait en lui les disgraces de la nature. Sans autre génie que celui du crime, sans imagination et sans éloquence, ignorant l'histoire du siècle présent, et celle des tems passés, il n'avait aucune connaissance des hommes, et les haïssait tous. Robespierre n'eut pour talent que son invariable ténacité à ses systêmes. Flatteur servile de la populace, apologiste impudent de tous les forfaits, provoquant avec effronterie la haine et les huées des différens partis, ce nouvel Erostrate, lâche dans le danger, sut, dans la journée du 10 août, se rallier

---

(*) *Les Tyrans qui dominaient alors n'eurent pas honte de dire, en parlant de ces sanglantes exécutions, et de la confiscation dont elles étaient suivies, que c'était battre monnaie sur la place de la Revolution, nom qu'ils donnèrent à la place Louis XV*. Barrère.

par la crainte de toutes les factions. Il se saisit du pouvoir, l'exerça en maître absolu, et, chaque jour, le cimenta par le sang.

Pendant ces tems de calamité tous les gens de bien, qui pour se soustraire à la persécution, ne purent s'expatrier faute de moyen, n'osaient ni se voir, ni se saluer en public, sur-tout de jour, lorsqu'ils se rencontraient dans les rues. Il y avait même, dans des familles, diversité d'opinions politiques, ce qui était très-dangereux pour celles qui avaient de la religion et de bons principes. Si quelques personnes pouvaient se voir de tems à autre les jours de fêtes, ce n'était que clandestinement et de nuit. On craignait toujours, malgré toutes les précautions, d'être découvert par les agens de ces brigands qui pendant les ténèbres observaient les maisons sur lesquelles on pouvait concevoir des soupçons de Royalisme. On était sur-le-champ déclaré *suspect et conspirateur* contre la *République une et indivisible* et envoyé sur l'échafaud. Que de pères de famille ont péri sous ce nom de suspect et de conspirateur !

Après que les tyrans conventionnels eurent sacrifié le plus bienfaisant et le plus vertueux des Rois, ces monstres se portèrent dans les Eglises qu'ils dévastèrent et spolièrent ; ces richesses que des siècles avaient réunies et qui étaient le garant véritable de la piété de nos ancêtres, furent dilapidées. Ils s'emparèrent des vases et de tous les ornemens sacrés. Ils déchirèrent et percèrent à coups de couteau tous les tableaux. Ils brisèrent les Christs, les bustes de la Vierge, des Saints et Saintes dont plusieurs étaient les chefs-d'œuvre d'habiles artistes. Ils firent démolir quelques Églises, principalement celles qui étaient de vrais monumens d'antiquités, seuls objets épargnés par les Vandales du 9.me siècle. Ce fut des représentans du peuple en mission, nommés *Proconsuls*, qui firent raser tous ces édifices. Ces dévastateurs n'ont respecté aucun ancien tombeau, pas même ceux qui renfermaient les cendres de leurs pères, qu'ils ont jetées au vent. Ils ont porté leur rage jusque sur l'asile du pauvre qu'ils ont dépouillé de tout. Les cloches des églises furent descendues des clochers et vendues à des étrangers, ainsi que quelques belles statues d'argent et de bronze qui représentaient des Saints. Les cloches qui ne furent pas vendues, servirent à faire des canons et de grosses pièces d'un sou et de deux sous qu'on appèle encore *sous-cloche*, et on convertit ainsi en tocsin de la mort les signaux de la paix. Toutes les croix qui se trouvaient dans les cimetières, sur les clochers, sur les places et sur les chemins furent renversées, brisées et remplacées en plusieurs endroits par cet *arbre infâme de la liberté*, au haut duquel on avait placé un bonnet de bois peint aux trois couleurs, *rouge*, *bleue* et *blanche*, c'était alors la *couleur nationale*. On porte le nombre de ces arbres plantés dans toute la France à soixante-dix mille. On força chaque propriétaire d'en faire planter un au-devant de sa maison. Plusieurs personnes périrent de la main de ces cannibales sur le soupçon d'avoir détruit cet arbre.

63 principaux habitans du bourg de Bedouin dans le ci-devant Comtat ont été massacrés pour ce prétendu délit, et l'arbre avait été renversé par les barbares eux-mêmes. C'est le féroce Maignet (Régicide et un des Députés du Puy-de-Dôme) qui présida à cet horrible massacre. Bedouin fut réduit en cendres. La flamme a tout dévoré, des enfans au berceau, des femmes enceintes, des vieillards, etc. etc.... Hélas! ceux qui purent survivre à cette catastrophe, errèrent long-tems dans les bois et dans les montagnes, n'ayant d'autre asile que quelques trous creusés de leurs mains et ne devant leur subsistance qu'à la pitié de leurs semblables.

Les jours de Décade, ces *Buveurs de sang* venaient chanter, en se mettant à genoux au pied de cet arbre, des chansons horribles à l'honneur de la Déesse qu'ils appelaient *Liberté*, *Liberté chérie*. Le délire ne saurait aller plus loin. Pour que le peuple ne reconnut plus d'autre Religion que celle de la Liberté et de la Raison, on cessa toute correspondance avec la Cour de Rome. On ferma toutes les Églises qui n'avaient pas été démolies, l'on en fit des magasins à poudre et à fourrage. Il y en eut quelques-unes qui furent vendues comme biens nationaux et presque pour rien, parce qu'on les acheta en papier-monnaie déjà très-déprécié. Les *Frères et Amis* conservèrent les autres pour y tenir leurs conciliabules qu'ils appelaient *Comité Révolutionnaire*. Il y avait à Marseille deux ou trois de ces comités. C'était de ces cavernes que sortaient les dénonciations, les incarcérations et tous les arrêts de mort. Il y en avait en France de 30 à 40 mille. C'est là que ces Jacobins organisaient leurs conspirations et qu'ils rédigeaient leur plan de dépopulation réalisé pendant 18 mois. Là on décimait les habitans paisibles des villes et des campagnes.

On voulut forcer tous les Prêtres d'abjurer leur Religion, de rendre leurs lettres de prêtrise et même de monter en chaire pour déclarer que tout ce qu'ils avaient prêché jusqu'à cette époque, était faux. Il y en eut quelques-uns que l'appât du gain séduisit, parce qu'ils croyaient obtenir des places; ils n'en furent pas plus heureux, ils ne recueillirent que le mépris et l'ignominie. Les Ministres les plus vertueux s'y refusèrent, ils furent fidèles à leurs devoirs. Leur nombre était très-grand, on les appela par dérision *Réfractaires*. Le schisme s'établit. De nouveaux Évêques furent sacrés et les Prêtres assermentés furent seuls reconnus par le Gouvernement, les anciens Pasteurs furent obligés de quitter leurs paroissiens. Une Loi du 17 septembre 1793 assimila ces dignes Ecclésiastiques aux émigrés. La Convention nationale décréta le 20 octobre la peine de mort contre tous ceux qui n'ayant pas fait leur serment, seraient trouvés sur le territoire français. Les uns furent obligés de se cacher et de se déguiser en paysan ou en bourgeois et d'errer dans les forêts et dans les campagnes. Les autres se sacrifièrent pour donner les secours de leur ministère. Ceux-ci restèrent cachés aux environs de la ville et des villages. Ils venaient de nuit dans la ville sous un habit de campagnard, pour dire la messe et pour administrer les sacremens aux nouveaux-nés, aux moribonds et à tous ceux qui pouvaient en avoir besoin; quelques-uns trop confians se sont laissés tromper; ils ont été arrêtés et sont devenus victimes de leur zèle. Il y en a aussi qui ont su braver tous les dangers. On en cite plusieurs: le père Dom Joseph, chartreux, en est un des plus remarquables. Il parcourait nuit et jour la ville et portait les secours de la religion chez toutes les personnes qui avaient soin de le faire appeler. On assure que ce zélé Religieux mourut de maladie, le 12 juin 1795, dans une maison bourgeoise à la rue d'Aix où il est enterré.

Tous les Religieux et toutes les Religieuses qui étaient cloîtrés furent renvoyés de leurs couvens avec une modique pension qui leur a été payée pendant quelques années en *papier-monnaie*. Ce papier perdait du jour au lendemain les trois quarts de sa valeur contre des espèces. L'argent était, en ces jours d'horreurs, pour ceux qui l'offraient en achetant quelque chose, un *vrai titre de proscription*. On permit à ces Religieux des deux sexes, en sortant du cloître, de rentrer dans le monde, en leur disant qu'ils pouvaient se marier malgré leurs vœux. Quelques-uns furent assez déhontés pour le faire ou pour vivre dans le libertinage ; mais la plupart furent fidèles. La corruption fut à son comble, et s'étendit dans toutes les classes de la société.

Personne n'osait dans ces tems de MEURTRE, se dire Prêtre ou Royaliste. Les titres de Monsieur et de Madame étaient également supprimés. Ils furent remplacés par ceux de *Citoyen* et de *Citoyenne*. On trouvait affiché dans les bureaux des administrations civiles et militaires · *Ici on s'honore du titre de Citoyen*. Celui ou celle qui s'y présentait pour demander soit un *passeport* ou un *certificat de résidence*, soit tout autre chose, n'était pas écouté s'il avait le malheur de prononcer le mot de *Monsieur*, et de plus il s'exposait à subir quelques mois de prison. Ces niveleurs se permettaient même de tutoyer les personnes les plus respectables qui s'adressaient à leurs bureaux.

Les actes de naissance étaient enregistrés à l'Hôtel-de-Ville, qu'on avait nommé *Maison commune* ou simplement *Commune*. Le nom de Marseille fut changé en celui de *Ville Sans Nom*, et celui de Toulon fut appelé *Port de la Montagne*, et Lyon *Commune Affranchie*. On enregistrait aussi à la Commune tous les mariages. C'était un *Officier Municipal* qui remplissait les fonctions de Ministre du culte pour toutes les Religions.

On donnait pour prénoms aux nouveaux-nés lorsqu'on les inscrivait, ceux de *Brutus*, *Scævola*, *Curtius*, de *Marat*, etc. etc. Le nom de ce dernier était celui d'un Régicide qui fut tué à Paris dans un bain le 13 juillet 1793, après la mort du Roi. Ce fut l'incomparable Charlotte Corday, jeune fille de dix-neuf ans, qui vint de Caen, dans le dessein de purger la terre de ce monstre. Arrêtée et condamnée, elle subit la mort avec un courage héroïque. Elle le poignarda pour venger la mort de son Souverain et celle de ses parens. A cette époque la mort de ROBESPIERRE eût été plus heureuse pour l'*humanité*.

La plupart des femmes de ces factieux, qu'on pourrait appeler des furies, portaient avec gloire à leur cou l'effigie de ce Marat au lieu d'une Croix. Son corps fut quelque tems après tiré du Panthéon où on l'avait porté, et jeté dans l'égout de la rue Montmartre.

Nommer Marat, c'est personifier le crime. Il était natif de Neufchâtel en Suisse, et il avait étudié la médecine.

Cet homme, avant la révolution, ne vivait que de charlatanisme : depuis, il vécut de ses poisons périodiques ; il se fit rédacteur du journal incendiaire intitulé *L'Ami du Peuple*. Sa figure livide et sinistre, jointe à sa petite taille, decelait par le plus hideux extérieur une ame plus hideuse encore.

Danton avait comme Marat, l'ambition de jouer un rôle principal : il était secondé par une physionomie farouche, une voix de stentor, une déclamation hardie, moyens toujours puissans auprès de cette classe nombreuse à laquelle il ne faut que des sons, parce qu'elle n'a que des oreilles. « Veut-on savoir, disait-il, ce qui fait » une révolution ? de l'audace, encore de l'audace ; » toujours de l'audace ». Mais, infidèle à ce principe, Danton, harangueur effronté, impudent même à la tribune, se montra faible dans le danger. Robespierre l'écrasa sans résistance, et l'envoya à l'échafaud avec tous ses consorts.

Le peuple assassine aujourd'hui l'homme qui naguère était l'objet de son culte ; il frappe les chefs mêmes sous les ordres desquels il a marché. Combien d'hommes de tous les partis la révolution n'a-t-elle pas dévorés ! combien leurs mânes doivent s'indigner de ce qu'un même supplice les ait réunis dans le tombeau ! Tels que les Bailly, les Thouret, les Chapelier, les Fauchet, les Barnave ; les Brissot, les Camille-Desmoulins, les Fréteau, les Héraut-de-Sechelles, les Rabaut de St.-Etienne, les Custine père et fils, les Houchard, les Beauharnais, les Biron, les Carrier, les Carra, les Couthon, les St.-Just, les Robespierre, etc. etc.

Lorsqu'il mourait quelqu'un, on était obligé d'aller en faire la déclaration a la Commune qui l'enregistrait de la même maniere que les naissances et les mariages, et on faisait transporter le corps sans cérémonies et sans suite au cimetière. On mettait sur la caisse qui le renfermait un drap mortuaire aux trois couleurs. Il n'y avait qu'un agent de police qui l'accompagnait jusqu'au lieu de la sépulture.

Les instituteurs et les institutrices étaient forcés de conduire tous les jours de *Décade*, leurs jeunes élèves à la Commune, pour y entendre la lecture des *Droits de l'Homme et de la Constitution Républicaine* qu'un Officier municipal était chargé de leur faire.

Nous voudrions bien jeter un voile sur tout ce qui s'est passé dans ces années de barbarie, mais nous ne voulons rien laisser ignorer à nos petits-neveux, afin qu'ils soient plus sages et qu'ils profitent de nos sotises et de nos extravagances.

Grâces au Ciel qui nous a délivré de ces monstres! Grâces au Ciel qui a exaucé nos vœux en nous rendant notre Roi légitime, l'auguste Famille des BOURBONS et la Religion de nos pères; il a eu enfin pitié des longs malheurs de la France!

O Providence! nous vous reconnaissons à ces miracles!

O France! tressaille d'allegresse!

PALAIS DE JUSTICE.

Pag. 149. (*d*) C'est dans ce Palais qu'en 1793 et 1794 on jugeait arbitrairement les malheureux de tout état et de tout sexe, qu'on envoyait à la *guillotine*. Ce fatal instrument était placé au milieu de la Canebière, vis-à-vis la Place Royale. Dans le moment où chacun de ces individus était exécuté, on forçait une partie de cette populace effrénée à des vociférations et aux cris de *Vive la République! Vive la Liberté ou la mort!* Tous les honnêtes gens étaient consternés par ces clameurs affreuses. C'est du balcon de ce Palais que les nommés *Brutus*, *Lefebure*, *Lépine* et consorts condamnaient en masse à l'échafaud l'élite des bons habitans, comme les H....., les M....., les P....., les S....., les S......., les T........, etc. etc.

Le crime de ces martyrs de l'honneur était d'être probes, riches et d'avoir porté les armes au 31 mai 1793, pour écraser l'anarchie.

Alors tout était crime chez ces Cannibales, excepté le crime lui-même.

D'après une proclamation des citoyens Représentans du peuple, *B.....*, *Fréron*, *Sallicety*, etc. etc. faite à Marseille le 12 octobre 1793, la terreur est à l'ordre du jour; rien que la terreur, point de pitié. *En révolution la nature ne doit être comptée pour rien. Du fer et à peine du pain*; on installe une Commission municipale avec de grands pouvoirs, les autorités constituées se composent de *Jacobins forcénés*. Ils rendirent en un instant Marseille méconnaissable, et l'on eût pris pour une place d'armes, cette cité jadis la plus florissante de l'Europe. Son port, l'admiration des étrangers, n'offre plus qu'un amas de navires oisifs. Ils portent même leur folie jusqu'à vouloir combler le port le plus commerçant de la France, comme si Marseille pouvait se soutenir sans son commerce. Toutes les marchandises en magasin sont vendues forcément au prix du *maximum* ou mises en *réquisition* pour les armées, ou plutôt pour *eux-mêmes*. On impose MM. les Négocians, etc. etc., à une somme de six millions. Une contribution aussi exhorbitante jète la consternation dans l'âme des vrais Marseillais; leur fortune est détruite; les arts et l'agriculture sont abandonnés; et les travaux cessent. Tous les magasins sont transformés, par ordre des *Régicides*, en forges nationales; les principales places publiques, comme le Cours et la Canebière, en ateliers. Que l'enclume retentisse; que tout respire le génie martial et l'amour de la liberté! Tel était le cri de ces *Chauds Montagnards*. On ne voyait plus dans les rues que des *Dénonciateurs* et des *Sans-Culottes*, coiffés d'un chapeau à trois cornes couvert de toile cirée, ou d'un bonnet rouge, qui méditaient la vengeance, comptaient leurs victimes, et aiguisaient leurs poignards pour égorger tous ceux qui étaient probes. Le Tribunal Criminel institué par les Proconsuls se signala, le premier jour, par l'assassinat d'une vingtaine de personnes qui avaient été mises hors la loi. Ce tribunal livrait à ces bourreaux les victimes qu'il soupçonnait d'ARISTOCRATIE.

C'était au milieu de la nuit, au moment du plus profond sommeil que ces *Anthropophages* faisaient leurs visites domiciliaires sous prétexte de chercher des armes; ils arrêtaient alors ceux qui leur avaient été désignés ou qui leur déplaisaient, et on les incarcerait comme de grands coupables tantôt dans le palais, tantôt dans les couvens qu'ils avaient changés en prisons. Le lendemain sur une dénonciation quelconque faite par le plus méprisable des individus, on les envoyait au *tribunal de sang*. On fixe le nombre des immolés dans ces jours de carnage à 7 ou 800. Il n'y a eu qu'un seul de ces infortunés qui ait eu le bonheur de se sauver à l'instant même qu'on le conduisait avec d'autres sous la faulx révolutionnaire. Nous ne parlons point de ceux qui ont péri de toute autre manière, soit qu'ils aient eux-mêmes tranché le fil de leurs jours d'angoisses, ou qu'ils soient misérablement morts dépourvus de tout secours.

La seule question qu'on faisait à ces innocentes victimes était de leur demander, *Es-tu Prêtre?* A LA MORT! *Es-tu Religieuse?* A LA MORT! *Es-tu Riche ou Noble?* A LA MORT! *Es-tu Émigré*, *Négociant*, *Artisan ou Royaliste?* A LA MORT! Ce dernier titre était à leurs yeux le premier des crimes, sur-tout depuis qu'ils eurent sacrifié le plus bienfaisant des Rois.

Voilà la sentence que ces monstres du 18.e siècle prononçaient! Sans la chute du *Tyran Robespierre* qui arriva heureusement le 27 du mois de juillet 1794, plus de la moitié de la France eût été effacée de sa population, parce que pour rendre les exécutions plus expéditives, on avait depuis environ deux ou trois mois commencé à envoyer ces infortunés par centaines sur des charrettes. Ils étaient traduits devant la Commission populaire que le *Comité de Salut Public* de Paris avait organisé à ORANGE dans le Département de Vaucluse.

Ce Comité était composé des *Robespierre*, des *Couthon*, des *St.-Just*, des *Barrère*, des *Billaud-Varenne*, des *Carnot*, des *Robert-Lindet*, etc. etc. etc. Tous ces brigands étaient des tigres altérés de sang. C'est dans ce comité que les Décemvirs s'assemblaient et qu'ils intimaient leurs ordres secrets aux scélérats qui avaient leur confiance.

Cette commission populaire expédiait sans forme de jugement, tous les malheureux dévoués que les Départemens voisins jetaient dans sa gueule dévorante.

L'opinion de ces hommes de sang était qu'ils incarcéraient *au nom de la Liberté*, qu'ils pillaient *au nom de la Fraternité*, qu'ils incendiaient *au nom de l'Égalité*, qu'is guillotinaient, mitraillaient, noyaient, fusillaient *au nom de l'Humanité*, qui par ses meurtres a enlevé du sol français environ *six millions d'individus!*

La plus grande partie de ceux qui pouvaient échapper à ces *Vautours*, errait dans les bois et se cachait dans des souterrains. Ceux qu'on ne pouvait pas arrêter, étaient inscrits sur un Registre qu'on nommait Liste des ÉMIGRÉS. Aussitôt qu'on avait porté quelqu'un sur cette liste, on mettait les scellés sur toutes ses propriétés, qu'on vendait à l'enchère et presque pour rien. Il y a eu des Domaines qui valaient 150 à 200 mille francs vendus, autrement dit, donnés pour 20 à 30 mille francs, parce qu'on les payait avec des *Assignats* ; leur dépréciation, était si grande qu'avec 100 francs d'argent, on avait 30 à 40 mille francs de ces papiers.

La vente injuste de toutes ces propriétés, soit des Émigrés ou non, soit du Clergé, ainsi que celle des Marchandises au *Maximum* et des *Réquisitions forcées*, a enrichi bien des *Va nu-pieds* et ruiné une infinité d'honnêtes gens.

L'Assemblée Nationale créa en 1790 ce papier-monnaie; nommé par elle *Assignats*. La premiere emission fut de quatre cents millions; la seconde, de huit cents; les autres, de sommes incalculables, jetées presque aussitôt dans la circulation. La fabrication du papier suivait à peine la rapidité des émissions. En peu de tems, toutes les opérations commerciales s'en ressentirent; il n'y eut plus d'équilibre entre le prix des denrées et celui de la main-d'œuvre, entre les fortunes individuelles et les dépenses : toutes les classes de la société furent dans un état de crise alarmant. Le Directoire Exécutif se trouvant sans ressource, créa aussi (en 1796) un nouveau papier sous le nom de *Mandats Territoriaux*, qui fut autant funeste au commerce que la fabrication du *Sucre de Betterave* et que le *brûlement* des marchandises anglaises sous le règne de l'*usurpateur*.

Chaque pays, chaque ville, chaque bourg a produit pendant la révolution *ses buveurs de sang*, *ses pillards*, *ses Jacobins à bonnet rouge*, *ses Montagnards*, *ses Féderés*, *ses Héros en Crimes*, etc. etc. etc. Tous ces beaux titres sont synonymes aux yeux de l'homme de bien.

Aix, *Arles*, *Avignon*, *Aubagne*, *Toulon*, etc. etc. ont eu, à diverses époques, leurs révolutionnaires et leurs fédérés. Cette dernière ville a été après Lyon, Marseille, Nîmes, Orange, Bedoin et Avignon, une de celles du Midi qui ont le plus souffert de la part de ces *Monstres à figure humaine*, par les incendies, les guillotinades, les fusillades, les mitraillades, les noyades, etc. etc. *Les B.....*, *les Fréron* et consorts de concert avec le *Transfuge de l'Isle d'Elbe*, y ont exercé toute sorte d'horreurs après la reddition et la démolition d'une partie des plus belles maisons de Lyon. En 1793, TOULON, au moment de l'incendie de son arsenal, fut mis au pillage, et les fusillades suivirent de près; le désordre fut tel, dans cette pauvre cité, que pendant vingt-quatre heures, les chefs eux-mêmes eurent peine à trouver un abri ; ils se réfugièrent dans une des salles de l'Hôtel-de-Ville, tandis que les Jacobins du pays, ayant faim de pillage et soif des larmes, les galériens déchaînés et les soldats soi-disant républicains se partageaient les dépouilles des malheureux habitans dispersés et qui cherchaient à fuir la tyrannie qui les menaçait.

On porte le nombre de ceux qui ont été égorgés à Toulon dans ces jours de Barbarie, ou qui se sont noyés en s'embarquant sur les vaisseaux des nations étrangères, à 9 ou 10 mille personnes. Ces Cannibales n'ont pas même épargné dans leur rage, les femmes enceintes, les enfans à la mamelle et les vieillards, ils ont sabré jusqu'à leurs parens mêmes.

AVIGNON se souviendra à jamais de ses petits *Nérons* qui torturaient les gens de bien en 1790, et de ses *Égorgeurs de la Glacière* en 1791 et 1792 ; l'on y fit périr, pour venger un seul scélérat nommé *Lescuyer*, soixante-dix habitans sans distinction d'âge ni de sexe. Les égorgeurs de cette Glacière avaient pour chef le fameux Jourdan dit *Coupe-Tête*, garçon boucher, natif du Puy-en-Velai ; ces Frères et Amis, qui se sont ensuite fait appeler *Terroristes et Fédérés*, ont porté pendant plusieurs années la désolation dans les villes et dans les bourgs du ci-devant Comtat où ils ont tout mis à feu et à sang.

ARLES a eu ses assassins parmi ceux qu'on nommait *Monnediers*. Les chefs étaient les A..., les Ch.., les L.., les M..., les P.... et consorts qui ont été par leurs forfaits jusqu'en juillet 1815, la terreur de cette contrée ; tels furent aussi les membres du Pouvoir Exécutif établi à NISMES en 1791, pour persécuter tous les Prêtres qui n'avaient pas voulu prêter le nouveau serment et ceux qui assistaient à la messe de ces vénérables ecclésiastiques ; en 1793, ces terroristes ont été le fléau de ce pays par les atrocités qu'ils ont commises en privant de la vie les vrais amis de la Religion Catholique et de l'auguste Famille des BOURBONS, même ceux qui avaient eu le bonheur d'échapper aux massacres des journées de 13, 14, 15 et 16 juin 1790. Ces journées furent des plus sanguinaires par l'assassinat de plusieurs malheureux, principalement de trois Pères Capucins dont deux furent martyrisés au pied du maître-autel, pendant qu'ils imploraient la miséricorde de Dieu sur cette ville ; le troisième, qui était alité depuis environ 3 ou 4 ans, ne fut pas même épargné quoique octogénaire, on le brûla dans son lit. Ils assassinèrent aussi MM. Gas père de famille qui demeurait près la porte St.-Gilles et P. Froment. Ce dernier fut tué à coups de sabre, et son corps jeté dans le fossé sous la Tour ; il y eut environ une vingtaine de victimes sacrifiées dans ces journées de boucherie. Ils dévastèrent et pillèrent plusieurs couvens, notamment celui des Dominicains et celui des Capucins d'où ils enlevèrent tout jusqu'aux vases sacrés. Ils foulèrent même aux pieds les hosties consacrées qui étaient dans le St. Ciboire ; ils brisèrent et renversèrent les Croix et les bustes de Saints et de Saintes.

Honneur à la Garde nationale de Montpellier, qui arriva heureusement dans la journée du 15 pour porter du secours aux honnêtes gens ! Sans elle, le couvent des Religieuses de la Providence eût subi le sort des deux autres Communautés du même sexe, Nismes eût vu égorger la majeure partie de ses habitans.

Ce sont ces mêmes brigands qui, en avril, mai et juin 1815, furent en nombre sur la grande route jusqu'à Montelimart, pour piller et massacrer les soldats fidèles rangés sous les drapeaux de Monseigneur le Duc d'Angoulême qui combattait pour repousser le *Désolateur du genre humain*. Aujourd'hui ces scélérats, que tant de crimes condamnent, osent se dire plus Royalistes que ceux qui ont toujours suivi l'oriflamme de St. Louis.

O JOURS DE DEUIL ! pour une infinité de familles ! Les villes et les villages étaient déserts. On n'y voyait plus que de malheureux orphelins et des ruines.

Daigne celui qui tient en ses mains nos destinées, ouvrir les yeux à ceux qu'égara une coupable erreur, et les ramener aux sentimens qui doivent animer tout véritable Français !

FORT SAINT-JEAN.

Pag. 156. (*c*) Après l'affreux massacre de Monsieur le Chevalier du BEAUSSET, plusieurs personnes des plus notables de la ville furent pendues aux reverbères des rues, entr'autres le vénérable M. OLIVE, Curé de la Paroisse de St. Ferréol. Il fut une des dernières victimes, il le prophétisa à ses bourreaux, et sa prophétie s'est accomplie. Les plus acharnés à la perte de ce digne ecclésiastique furent les deux frères S.... et consorts que le saint pasteur avait comblés de bienfaits et à qui il avait fait faire la première communion, il n'y avait pas trois ans. Telle est la reconnaissance des brigands.

Le seul cri à la Lanterne suffisait pour faire des victimes.

Les pendaisons commencèrent le 21 juillet 1790. Après les pendaisons, le pillage et l'incendie des châteaux (ce qui occasionna beaucoup d'émigrations), vinrent *les guillotinades*, *les mitraillades*, *les noyades*, *les proscriptions*, *les spoliations*, *les profanations des Eglises* et *la persecution de ses Ministres* sous le règne de *Robespierre le Néron moderne*; ensuite il y eut les fameuses *fusillades* qui se succédèrent sans interruption à la Plaine et à la Tourrette.

Ces fusillades eurent lieu en 1796, 1797, 1798 et 1799 sous le Gouvernement Directorial composé des *B*....., des *Carnot*, des *Merlin*, des *la Revellière-Lépeaux le Théophilantrope*, des *Sy*...., etc. etc. etc.; elles furent dirigées contre ceux qui, pour avoir fui la tyrannie de Robespierre, étaient rentrés comme amnistiés au sein de leur famille, après avoir perdu le peu qu'ils avaient laissé en s'expatriant.

Les respectables Prêtres MM. BAUDIN, DONADIEU, GARAGNON, NUYRAT, TASSY, etc. etc. etc., périrent ainsi malheureusement pour n'avoir jamais voulu renoncer aux principes qu'ils avaient toujours professés. Ils furent même insultés, comme beaucoup d'autres, jusqu'au lieu de leur sacrifice, par une bande de mégères qu'on soudoyait pour applaudir à toutes ces horreurs. Nous tairons ici les outrages, les imprécations qui pleuvaient sur ces infortunés.

PIE VI, le Chef de l'Église, qui avait échappé à la tyrannie des Décemvirs, n'a pu échapper à celle du Directoire; il fut arraché lui-même de la Capitale du Monde Chrétien, et traîné captif à Valence en Dauphiné. Ce Pontife octogénaire y expira le 19 août 1799, victime d'une fermeté et d'une constance qui immortalisent son nom.

Que de martyrs de la Religion! que de martyrs de l'honneur dévoués à la mort sous une simple dénonciation d'Émigré, de Prêtre et de Royaliste!

L'histoire d'aucun peuple ne présente une pareille série d'atrocités.

La tyrannie fut l'arme puissante du Gouvernement Directorial qui a duré depuis le 28 octobre 1795, jusqu'au 10 novembre 1799.

Ce Gouvernement a été aussi funeste par ses proscriptions, ses fusillades, ses conspirations et ses déportations, que celui du Sénat Conventionnel. Un nouveau culte fut alors établi, on lui donna le nom de *Théophilantropie*, c'est-à-dire Amour de Dieu et des Hommes. Ce fut sans doute par dérision, puisque ses sectateurs étaient des Athées et des hommes affamés de *sang humain*. Le fameux Lareveillère-Lepeaux fut le grand-prêtre de ce *culte burlesque*.

Les contemporains des premiers jours de nos troubles civils sont déjà peu nombreux; chaque jour la génération du dix-huitième siècle s'éteint. *La Révolution est finie*: l'histoire commence, et son burin impartial et sévère doit désormais nous en tracer les horreurs et les forfaits, pour nous prémunir contre toute espèce de rechute; pour avertir nos descendans qu'une première erreur est la source féconde de toutes les calamités; qu'une fois entré dans la funeste carrière du crime, on est condamné à la parcourir toute entière, à épuiser tous les genres de misères, à supporter le poids de tous les désastres. La postérité en lisant les annales de ces journées d'horreurs, refusera de croire que 25 millions d'hommes se soient laissés conduire, dépouiller, incarcérer, guillotiner, fusiller par une poignée de misérables réunis en Comité de Salut public et de Sûreté générale; elle ne concevra pas qu'un peuple, jusqu'alors religieux, loyal, généreux, humain, tout-à-coup dénaturé, ait échangé, en si peu de tems, son aimable insouciance, sa bienveillante urbanité, sa fidélité de quatorze siècles contre l'irreligion, la révolte et la barbarie.

Nous aurions désiré pouvoir nommer tous ces dominateurs sans entrailles, sans oreilles et sans remords; mais par respect pour les maisons honnêtes auxquelles quelques-uns appartiennent ou auxquelles ils sont alliés, nous nous sommes décidés à ne les désigner que par la première lettre de leur nom; par leurs actions il sera facile de les reconnaître. Nous avons usé du même moyen pour ne pas renouveler les regrets de ceux qui ont perdu leurs parens dans ces jours de malheurs.

RÉFLEXIONS

SUR LES HORREURS COMMISES PAR LES RÉVOLUTIONNAIRES.

La Postérité croira-t-elle que la France, que le peuple le plus policé et le plus religieux de l'univers ait eu un Sénat qui, pendant trois ans, sanctionnait tous les forfaits, un Sénat qui vit froidement chaque jour des charretées de victimes rouler vers l'échafaud ! Croira-t-elle qu'il fut sourd à tous les cris de l'innocence, que quelques-uns de ses membres allaient de préférence dîner vers le lieu des tribunaux de sang ; que le dégoûtant aspect des tueries révolutionnaires était le préliminaire des plaisirs de la table ; que la chute du couperet assassin était le signal des orgies (1). Il y en eut qui virent leurs frères entre les mains des bourreaux, et ne firent pas une démarche pour les sauver ; d'autres se signalèrent en dénonçant les leurs ; quelques-uns enfin les livrèrent eux-mêmes à la mort ; les jeux et les spectacles terminaient leurs journées, leur société chérie était les juges et les jurés de tribunaux de sang, les sbires, les mouchards et les *Sultans Sans-Culottes des Comités Révolutionnaires*, et, pour comble d'opprobre, les membres de la Commune furent assez vils pour être les vils tyrans du plus vil des Sénats !

Croira-t-elle la postérité à ces Proconsuls, que le Tartare Senatorial vomissait sur la France ! *voler*, *violer*,

(1) *Il y en avait qui disaient : Cela n'ira bien que lorsqu'il y aura une guillotine par section ; d'autres répondaient : il en faut une dans chaque Commune* (*ce qui aurait fait* 44,000) ; *leurs affidés répétaient ces propos-là dans les Clubs, en ajoutant : et il ne faut pas laisser manquer de besogne au Tribunal Révolutionnaire ; pour sauver la Patrie, il faudrait que l'armée révolutionnaire parcourut les campagnes avec une guillotine, et qu'à chaque porte de cultivateur, elle s'informât s'ils sont riches, pour les guillotiner à leurs portes comme conspirateurs.*

guillotiner, *noyer*, *foudroyer*, *égorger*, *fusiller*; *mitrailler*, *démolir*, telle était leur mission ; la destruction de l'espèce humaine n'assouvissait pas leur rage; les hommes disparus, ils s'en prenaient aux monumens. Les flammes effaçaient les cités : ô postérité ! tu refuseras de le croire ! *Ecoute donc*, *et frémis*.

Quelques Proconsuls tuèrent, de leurs propres mains, des prisonniers qui se permettaient quelques réclamations; il en fut qui, couverts du costume de Représentans, montèrent sur l'échafaud pour haranguer les infortunés qui marchaient à la mort ; ils firent exposer sur les places publiques des femmes, pour s'être attendries sur le sort de leurs pères et de leurs époux indignement massacrés ; d'autres menaçaient de la mort les officiers de santé, pour avoir donné les secours de leur art à de malheureux détenus.

D'autres faisaient traduire des pères de famille devant les Tribunaux ou Commissions populaires, et disaient aux juges : condamnez-les, ou l'échafaud vous attend. (Ainsi périrent trois juges et un juré du Tribunal Révolutionnaire de Paris, de la première organisation).

D'autres, avant qu'on procédât au jugement, se faisaient apporter les soi-disant actes d'accusation, et mettaient en réquisition des hommes pour déposer contre ceux qu'ils voulaient perdre.

D'autres arrêtaient eux-mêmes dans les rues les hommes et les femmes qui leur deplaisaient, se rendaient au Tribunal, y prenaient place, faisaient amener devant eux ceux qu'ils avaient emprisonnés, et forçaient les juges à prononcer leur sentence.

D'autres se plaçaient aux fenêtres en face de l'échafaud, faisaient démolir les édifices qui pouvaient leur en dérober la vue, et là savouraient à loisir l'horrible volupté de voir ruisseler le sang.

Un autre disait : il faut, pour concilier les choses, qu'on commence par guillotiner les constituans, puis les législatifs, les nobles, les prêtres, les hommes de loi, les hommes de métiers, les marchands, les soldats, les laboureurs, les boulangers, les pâtissiers, les traiteurs, les tailleurs, les garçons tailleurs, les perruquiers, les couturières, puis les tisserans, etc. etc. on verra après pour le reste.

Une pauvre femme osa demander à un de ces monstres la liberté de son mari : « Demain, lui répondit-il,

» tu verras sa tête d'un côté, et son corps de l'autre ». Il tint parole. Le fait est arrivé à Toulouse.

Un autre voit une jeune femme de seize à dix-sept ans en pleurs implorer à ses pieds la suspension du jugement de son père; les larmes, les prières sont vaines; le Proconsul la repousse, déchire sa pétition. La douleur égare l'infortunée, il lui échappe quelques expressions; il la fait arrêter et traduire au tribunal de sang. Elle était grosse de sept mois. (à Arras.)

Un autre se servait de jeunes enfans qu'il soudoyait pour lui dévoiler les secrets de leurs familles; un de ces enfans, âgé de 12 ans, d'après les instructions qu'il avait reçues, écrivait aux jeunes gens de son âge, et leur demandait ce que disaient leurs parens sur tel et tel évènement.

Ce fait s'est passé à Avignon.

Un autre, à l'issue d'une orgie, veut un spectacle; les juges étaient du festin; on tira des cachots quatre prêtres et quatre religieuses qui n'avaient pas voulu prêter le nouveau serment; ils paraissent, on les condamne sans les entendre; ils périssent, et on se met à table. (à Bordeaux.)

Il n'y a pas assez de blé en France pour la population, quoiqu'on en aie semé dans tous les jardins des particuliers, disait un autre de ces scélérats, il faut en sacrifier la moitié pour nourrir le reste. ce sont sur-tout les femmes qu'il faut détruire, parce qu'elles engendrent trop. (Il n'y a plus à douter de ce plan exécrable, car dans le nombre des victimes, il se trouve plus de douze mille femmes ou filles, sans compter celles qui ont péri dans les prisons par suite de grossesse ou autres maladies de femmes.)

Un autre fait arrêter, traduire et guillotiner un vieillard, père des douze enfans, sous prétexte qu'en 1791, il avait cumulé les fonctions de maire et de juge de paix. Le motif véritable était un ancien ressentiment personnel.

Un autre fit incendier des Communes entières, et guillotiner une partie de ses habitans. (Bedouin.) Rien ne coûtait à ces dévastateurs du genre humain.

Ceux-ci s'emparèrent des plus beaux Hôtels dans les villes où ils séjournaient, affectaient le faste et la mollesse, tandis que le peuple inondait les cours de leurs palais pour attendre leur présence, et du pain; couchés nonchalamment sur des sophas dans le fond de leurs serails, ils s'occupaient gravement du soin de se faire peindre.

Ces faits se sont passés à Paris, à Lyon, à Bordeaux, et dans plusieurs autres villes.

Ceux-là mettaient en réquisition les meilleurs vins, et défendaient expressément à tous les habitans de rien acheter au marché avant que l'on eût enlevé ce qui était pour leurs tables et celles de l'état-major de l'armée révolutionnaire qui les accompagnait.

Un juré fit guillotiner un marchand qui refusait de lui vendre à crédit ; il insulta à la douleur des filles de cette victime, et força l'une d'elles à danser avec lui. (Ce fait s'est passé à Nantes).

Un autre juré dit qu'il ne serait content que quand il aurait fait tomber pour sa part douze cents têtes de Royalistes. (à Nismes.)

Un huissier forçait les détenus à boire de l'eau fétide d'un puits dans lequel filtraient des latrines, tandis qu'il y en avait un autre dont l'eau était saine. (à Arras.)

Plusieurs de ces hommes de sang ont fait guillotiner des pères de famille pour avoir refusé leurs filles en mariage soit à eux-mêmes, soit à leurs fils. (Un de ces faits s'est passé à Toulouse.)

Il en est un qui se distingua par un fait plus atroce encore, s'il est possible. Il fait arrêter un nombre de cultivateurs. Le prétexte fut qu'ils n'avaient pas fourni leur don civique. Leurs malheureuses épouses vont aux pieds du Proconsul solliciter la liberté de leurs maris. « Qu'ils paient, répondit-il, la somme qu'ils doivent ; » ils seront libres ». Mais comment faire ? nous sommes pauvres, nous ne pouvons pas. « Empruntez, faites » comme vous voudrez ; mais point de liberté si l'on ne » m'apporte ce que je vous demande ». Elles sortent : enfin, au bout de quelques jours, après avoir épuisé toutes leurs ressources, elles apportent la somme. « Allez, » leur dit-il, dans trois jours vous verrez vos maris ». Hélas ! quel est le premier objet, en sortant, qui frappe leurs regards ! Ce sont leurs époux que l'on conduit à la mort. Elles reviennent éplorées chez le tyran. « J'en suis fâché, » leur dit-il, il m'est survenu hier au soir contre eux des » dénonciations graves ; vous êtes bienheureuses vous-» mêmes de ne pas partager leur sort. (*à Bordeaux*). Le trait était trop fort ; il fut dénoncé au Comité de Salut public. Le Proconsul fut mandé pour rendre compte de sa conduite. Un de ses amis lui témoignait quelque crainte : « Cette affaire, répondit-il, sera bientôt arrangée, » je porterai de l'argent au Comité ». Il avait raison, un des membres déclara que la dénonciation était mal fondée, et le monstre fut continué dans sa mission. Il fit périr son dénonciateur. (à Caen).

D'autres chargeaient sur des charrettes, la presque totalité des habitans des petites communes depuis le bisaïeul jusqu'à l'enfant au berceau, et les envoyaient sans aucunes formalités à la boucherie du tribunal de sang.

Un de ces anges de mort écrivait un jour au Comité de Salut public, pour se plaindre de ce que la loi sur les tribunaux militaires n'était pas propre à vider les prisons promptement, et que la guillotine perdait sa proie.

Un autre écrivait à son Collègue : « La *guillotine* » continue de rouler à toute force, j'en ai fait expédier 28 » dans la commune de Montauban. Elle va *Primidi* » prochain commencer ici ses exploits ».

Ce Collègue lui répondit : « J'étais à dîner avec » *Robespierre* quand il a reçu ta lettre, nous avons ri : » va ton train, ne t'inquiète de rien ; la guillotine doit » marcher plus que jamais ».

Un autre dit dans une société populaire : « Le Comité » de Salut public m'a reproché d'avoir été trop mou, » trop modéré ; on va voir, on va voir, f....., si je » ne suis pas à la hauteur et un bon B..... » *Voilà le vrai langage de ces Antropophages.*

Des Jacobins à bonnet rouge se plaignaient à un Proconsul de ce qu'ils n'avaient point d'ouvrage et de ce qu'ils étaient dans la plus grande misère. Le Sénateur scélérat leur dit : « Vous êtes de grosses bêtes ; ne connaissez-vous » pas quelques riches, dénoncez-les moi, je les ferai » guillotiner, et je vous donnerai leurs biens ». L'un d'eux répondit : j'aime mieux mourir moi et ma famille, que de donner du pain à mes enfans, à ce prix. Un autre lui répliqua : vous nous donnerez ce que vous ne voudrez pas. (à Toulouse).

Bien peu dans ces jours de barbarie ont eu de pareils sentimens.

Un de ces hommes de sang, le fameux *St. Just*, avait pris un Arrêté qui ordonnait de raser la maison de quiconque serait convaincu d'agiotage. (à Paris.)

Un Proconsul écrivit à un des Administrateurs de District : « du courage, de l'énergie, ne laissez en liberté aucun » riche, aucun noble, aucun royaliste, aucun prêtre, » aucun artiste, ni aucun homme d'esprit ». Il répondit à un gardien de prison qui lui demandait la permission de faire raser des prisonniers : « Et moi je leur ferai faire » la barbe au premier jour ». (à Toulon.)

Un de ces Proconsuls mit sur sa porte l'inscription suivante : « Ceux qui entreront ici pour solliciter l'élargis- » sement des détenus, n'en sortiront que pour être mis » en arrestation ». (à Avignon.)

Voici un des traits de barbarie de ces Cannibales, l'un des juges proposa, en pleine audience, de mettre en jugement le chien de M. de St. Prix, invalide condamné, parce que ce chien mordait les Jacobins et allait pleurer tous les jours sur la place de la Révolution, où son maître avait été immolé. Ce grand scélérat opinait de le faire assommer, au pied de l'échafaud, par l'*exécuteur*. Il est bien heureux qu'il n'ait pas connu cette petite fille de huit à neuf ans, qui, pendant un mois, allait tous les matins sur la place de la Révolution, pleurer sa pauvre mère qui a été sacrifiée ; elle avait eu la précaution de ne pas se laisser appercevoir. Elle est morte de langueur au bout de six semaines.

Voici un autre trait de barbarie. Dans une amalgame du 7 messidor an 2 (ou 22 juin 1793), composé de vingt-deux femmes, il y en avait une jeune (âgée de 20 ans) qui nourrissait son enfant. Montée sur les funestes gradins, son enfant était sur son sein : ce spectacle attendrissant fit tressaillir l'auditoire de la plus tendre pitié, quoiqu'un grand nombre fût sans âme et fût payé pour applaudir à ces atrocités, sous prétexte que le pauvre aurait la dépouille du riche. La nature a des droits plus puissans encore que ceux du tribunal révolutionnaire, et même d'un Sénat Conventionnel. Les juges s'appercevant de l'effet que produisait ce spectacle, firent retirer la mère avec son enfant dans une salle à côté ; elle n'avait pas été interrogée : au bout d'une heure, on vint lui annoncer qu'elle était condamnée à mort avec les autres, et on lui arracha son enfant, qui par ses cris semblait prévoir que des monstres allaient le priver d'une nourriture que nulle puissance humaine n'avait le droit de lui enlever. Sa malheureuse mère opposait la résistance la plus opiniâtre, et ne vouloit point livrer son enfant, qui lui-même s'attachait plus étroitement à son sein. Ce combat déchirant eût touché les bêtes les plus féroces : la tendresse maternelle fut obligée de céder aux bourreaux révolutionnaires. La pauvre mère fut jetée dans la chambre des condamnés.

elle y poussait des clameurs affreuses, qui ne purent rien sur les monstres du tribunal. Un quart d'heure avant de partir pour aller sous la hache homicide, la mère se jète aux genoux de ses assassins, et leur demande avec prière la permission de donner à têter pour la dernière fois à son enfant. Vaine prière : on avait l'air de lui répondre : « Le moment est venu de détruire le genre » humain; la nature est un crime..... » (à Bordeaux).

Le fameux Fréron écrivait les 16 et 19 nivose an 2 (5 et 8 janvier 1794), à ses Collègues de Paris : Cela va bien ici (à Toulon), nous avons requis douze mille maçons des Départemens environnans pour démolir et raser la ville; tous les jours, depuis notre entrée, nous faisons tomber deux cents têtes.

Il y a déjà huit cents Toulonnais de fusillés.

Toutes les grandes mesures ont été manquées à Marseille par Albite et Carteaux; si on eût seulement fait fusiller comme ici huit cents conspirateurs, et qu'on eût créé une commission militaire pour condamner le reste des ROYALISTES qu'il qualifiait du titre de scélérats, nous n'en serions pas où nous en sommes.

Au retour de B..... et Fréron à Marseille, ils prirent un Arrêté qui portait que tous les lieux qui avaient servi de rassemblement aux sections de cette ville seraient rasés; était excepté de cette mesure le lieu de l'assemblée de la Section n.° 11, qui seule a donné tant de preuves de son attachement pour *l'Unité et l'Indivisibilité de la République*. Les premiers coups de marteau frappèrent aussitôt le portique de l'Église de St. Ferréol.... et Marseille, devenue SANS NOM, voyait abattre ses plus beaux monumens, après avoir vu massacrer ses plus riches habitans.

Hélas! nous aurions encore mille traits plus cruels à citer, mais notre plume se refuse à les décrire, parce que la force et le courage nous manquent.

Non, nous le répétons, la postérité ne croira pas que pendant dix-huit mois, on ait égorgé sans forme de jugement dans deux cent quarante-huit villes ou villages, hommes, femmes, filles, octogénaires, jeunes gens, pauvres, riches, aveugles, sourds, impotens, c'est-à-dire qu'on les ait assassinés tous ensemble indistinctement, et qu'on ait porté l'ironie sanglante envers les malheureux prisonniers jusqu'à les forcer dans les fers à crier : *Vive la Liberté!* Par le dispositif vague de ces lois de sang, tous les Français honnêtes se trouvaient enveloppés dans là proscription : vertus, talens, renommée, estime publique, éclat, obscurité, rien ne mettait à l'abri de leurs perquisitions.

Les Décrets de mise Hors la Loi et ceux des Suspects ont fait des milliers, des milliers de victimes.

Il faut que nos arrières-neveux sachent que ces Proconsuls, que ces prétendus Magistrats du Peuple, que ces Juges Exterminateurs, que ces Membres de Comités Révolutionnaires, que ces *Jacobins à Bonnet Rouge*, que ces *Hommes de Sang*, ivres de vin et de luxure, arrêtaient, proscrivaient, assassinaient, incendiaient; et confisquaient au profit de la *soi-disant République*, ou plutôt au leur, puisque pour leur usage, ils mettaient en réquisition les meilleurs vins et tous les plus beaux meubles des riches.

Croira-t-elle la postérité que ces Sénateurs furent sourds à tous les cris de l'innocence, que ces monstres engageaient des enfans à dénoncer leurs pères, les pères leurs enfans, les maris leurs femmes, les femmes leurs maris, l'homme de confiance son bienfaiteur, le débiteur son créancier; aussi toutes les prisons en peu de tems furent-elles encombrées : hommes, femmes, octogenaires, tout était bon pour ces buveurs de sang. Pour ne pas laisser manquer de besogne à leurs VAUTOURS, plusieurs de ces Proconsuls manquant de prisons, remplissaient les écuries de victimes, les attachaient à des râteliers, et poussaient même la barbarie jusqu'à vouloir leur faire manger leurs excrémens.

Quel sort doit être réservé aux auteurs de tant d'horreurs et de tant de crimes! Le moindre châtiment à infliger à ceux qui auront échappé à la justice des lois, est de livrer leur mémoire à l'exécration de la postérité.

Quelle carrière de calamités il nous a fallu parcourir! que d'idées lugubres nous avons rappelé, en traçant le tableau de tous les forfaits commis par les tyrans de la fin du 18.e siècle et du commencement du 19.e, à qui la France fut si long-tems asservie.

O TEMPORA! O MORES!

PREMIÈRES ANNÉES
DE NAPOLÉON BUONAPARTE.

QUAND le Marquis de Vaux s'empara de la Corse, il ne soupçonnait pas que sa conquête serait un jour cause de la mort de huit millions d'Européens, et que l'enfant d'un bourgeois de cette île, élevé par bienfaisance dans une école militaire de son Souverain, serait couronné Empereur et voudrait détrôner tous les Rois.

Charles Buonaparte, père de Napoléon, avait fait son cours de droit à Rome où il fut reçu avocat. Quand il revint à Ajaccio, il épousa M.lle Lætitia Ramolini, qui était belle et impérieuse. On l'a représenté comme un honnête homme; mais il feignit de ne pas voir les galanteries de sa femme, auxquelles il dut des places et des honneurs. Lætitia fut aimée du fameux Paoli: On le croit père de Napoléon. Pendant le cours de ses faiblesses, qui durèrent autant que sa beauté, Lætitia donna à son mari huit enfans que nous avons vus rois et princes, reines et princesses.

Le Père *quem nuptiæ demonstrant* fut enfin nommé Assesseur au Tribunal d'Ajaccio.

Napoléon prétendit dans la suite qu'un de ses aïeux ayant quitté Florence pendant les guerres des Guelphes et des Gibelins, vint se réfugier en Corse. M. de Châteaub.... a écrit le premier que Buonaparte était fils d'un huissier. J'ai consulté plusieurs Corses sur ce fait: un seul m'a dit qu'il avait reçu, il y a cinquante ans, deux *exploits*, signés Buonaparte, grand-père du grand empereur. Devenu général en chef de l'armée d'Italie, Buonaparte fit remonter son origine à six cents ans; devenu consul, il prétendit descendre des Commènes, empereurs de Constantinople; devenu souverain, il voulut se donner pour aïeux les plus anciens Rois de la Scandinavie. On lut un jour dans le *Journal de l'Empire*, que *le petit Roi de Suède* serait bien étonné d'apprendre que les ancêtres de Napoléon avaient régné avant ceux de GUSTAVE III sur le trône dont ses sujets venaient de le priver. Buonaparte apprit bientôt qu'on se moquait de cette généalogie; il la fit désavouer dans le même Journal, où on écrivit que sa noblesse datait du 18 Brumaire (du 9 novembre 1799).

C'était l'époque du consulat. Cependant, il fit donner à l'imposteur qu'il feignit de désavouer, cinquante mille francs et une charge d'un produit net de vingt-quatre mille francs tous les ans.

Buonaparte naquit à Ajaccio le 5 Février 1768. La Corse ne fut réunie à la France qu'au mois de Juin 1769. Buonaparte, consul, imagina de placer sa naissance au 15 Août suivant. Par ce faux, il se trouvait né Français.

Le Comte de Marbœuf le fit entrer, en 1777, à l'école de Brienne. Il attesta, avec deux Chevaliers de St. Louis, que le jeune élève était né d'une famille qui *vivait noblement*. La plupart des Colons et des Corses ne produisaient point d'autres titres pour entrer comme officiers dans les régimens.

Voici une Note que Buonaparte fit courir manuscrite, comme extraite d'un registre de l'école militaire de Brienne :

« M. de Buonaparte (Napoléon),
» né *le* 15 *août* 1769, de bonne conduite,
» santé excellente, caractère soumis,
» doux, honnête et reconnaissant, s'est
» toujours distingué par son application
» aux mathématiques : il sait *très-*
» *passablement* son histoire et sa géo-
» graphie. Ce sera un excellent marin. »

Ce registre fut acheté, il y a dix ans, disait-on, dans une vente publique de livres, par M. D.... de St.-M...., secrétaire des commandemens de la ci-devant reine Hortense. La note courut tout Paris au moment où Buonaparte, qualifié d'excellent marin, rassemblait à Boulogne une immense flotille avec laquelle il voulait envahir l'Angleterre. Tout annonce que ce registre est supposé; mais il existe. Le P. Patraud, ancien professeur de Brienne, pourrait attester son authenticité ou sa supposition.

Buonaparte se présenta, en 1781, au concours pour l'arme de l'artillerie. Sur trente-six concurrens, il n'obtint que la *douzième place*. M. de l'Éguille mit sur le registre des élèves : « Corse » de nation et de caractère, il ira loin, » si les circonstances le favorisent ». Le bon professeur ne croyait pas faire une prédiction si funeste à la France.

Buonaparte n'avait que vingt ans, lorsque le Roi convoqua l'Assemblée des Notables; il se montrait déjà avide de changemens dans l'Etat. Un jour il osa louer les premiers excès de la révolution devant six officiers de son grade. Ces officiers allaient le jeter dans les fossés du Champ-de-Mars;

quand on accourut assez vîte pour l'arracher de leurs mains. Bientôt son opinion parut changer. En 1790, il demanda pour émigrer quinze louis à M. D...., lieutenant-colonel du régiment de la Fère. Le refus de cet Officier fit rester Buonaparte en France. Sa destination, s'il eût reçu la somme qu'il demandait, eût été aussi différente que le furent les évènemens qu'il dirigea. Buonaparte pauvre et d'une noblesse contestée, seconda alors, par ses maximes, débitées dans les Clubs, les progrès d'une révolution qui devait renverser toutes les barrières opposées au crime et à l'ambition. Les officiers voulurent le chasser du régiment, comme un démagogue dangereux, mais il trouva des partisans qui le défendirent.

Bientôt après, Paoli attira Buonaparte à Ajaccio; tous deux favorisèrent l'esprit d'insurrection; mais le vieux général ne tarda pas à voir qu'il ne s'agissait plus de cette liberté pour laquelle il avait exposé sa vie en 1789, en défendant sa patrie. L'égalité absolue que les Jacobins voulaient établir, lui parut impraticable et funeste. Il avait pleuré les malheurs de Louis XVI, alors prisonnier de ses propres sujets; il vantait la constitution anglaise; les démagogues de la Corse l'accusèrent de vouloir établir cette constitution dans leur île, pour la livrer ensuite à l'Angleterre. On rappela dans la Convention dite nationale, qu'en 1769, il s'était assis sur un petit trône que les Magistrats d'Ajaccio avaient fait élever à l'Hôtel-de-Ville. Sommé de se rendre à la barre, Paoli eut la prudence de désobéir. Il fut mis hors la loi avec M. Pozzo di Borgo, procureur du Département, que nous avons vu naguère premier aide-de-camp de l'Empereur de Russie, et son ambassadeur à Paris.

Buonaparte, mêlé aux Jacobins qu'il flattait, resta à Ajaccio. Il s'était fait nommer lieutenant-colonel de la garde nationale. Il partit sur l'escadre qui devait attaquer Cagliari. Suivi d'un petit corps de troupes, il s'empara du fort St. Etienne, et peu s'en fallut qu'il ne fût pris par les montagnards de Sardaigne, qui pendaient aux arbres de leurs forêts tous les Français qui tombaient entre leurs mains.

Cependant l'île de Corse se souleva toute entière contre la Convention. Buonaparte, de retour dans cette île, fut banni par un décret demandé par Paoli lui-même. On n'osa point l'exécuter tant qu'il conserva la faveur populaire; mais il venait de la perdre par un crime horrible. Le second jour de la fête de Pâques, à la tête des garçons bouchers d'Ajaccio, il avait commandé une décharge de mousqueterie sur des vieillards, des enfans et des femmes qui sortaient d'une église, alléguant pour prétexte que c'étaient des fanatiques, ennemis de la liberté. Sa mère, ses frères et ses sœurs, proscrits comme lui, vinrent débarquer à Marseille, et logèrent en arrivant au quatrième étage d'une maison à la rue du Pavillon. Ils y vécurent des secours que la Convention donnait aux réfugiés et même des aumônes de plusieurs personnes charitables. Le général Collin prenait sur ses rations pour subvenir à leurs besoins. M.me Lætitia, autrement dit Mère-la-Joie, attendait la nuit pour envoyer sa petite *Carletta*, devenue depuis la princesse Caroline, acheter deux liards d'allumettes, une chandelle et un petit fagot de bois que souvent on ne payait pas. L'aînée, qui fut princesse de Lucques, n'était pas jolie; mais la cadette était belle..... On accusa M.me Lætitia d'avoir fait de honteuses spéculations et d'avoir tenu une maison de tripot. Le bruit en parvint jusqu'à

Paris, quand Buonaparte eut une Cour. Quoiqu'il en soit, M.me Lætitia s'étant montrée en 1797, dans une loge du théâtre de Marseille avec deux de ses filles, un commissaire de police vint la sommer de sortir, en lui rappelant qu'elle avait précédemment reçu l'ordre de quitter la ville pour mauvaise conduite. Buonaparte poursuivait alors le cours de ses victoires dans le Milanais. Sa mère fit destituer par le Directoire l'officier de police qui lui avait fait un affront si public.

En 1793, Buonaparte logea à Marseille, comme capitaine, chez un riche négociant qui le crut honnête et studieux, vit sa misère et le soulagea. Consul, il était importuné du souvenir des bienfaiteurs de sa jeunesse. Il exila ou fit enfermer les personnes qui eurent l'imprudence de parler devant ses espions de son ancien dénuement et de celui de sa famille. Un Jacobin de Marseille étant allé le voir aux Tuileries, l'appela, par habitude, *mon cher Collègue*; Buonaparte le fit sortir de Paris *dans les vingt-quatre heures*.

Il voulut, en 1793, attirer l'attention des Provençaux comme Écrivain. C'était le tems où une brochure, *forte en principes*, faisait nommer aux assemblées nationales ou à une ambassade : il publia *le Souper de Beaucaire.* Il y louait Marat et Robespierre, et vouait aux Dieux infernaux *les Fédéralistes*, comme ennemis de la République et du genre humain. Il voulait qu'on détruisît le *négociantisme*, qu'il trouvait funeste à la liberté ; que la France fût *simplement un Etat agricole et guerrier*. Les négocians et les banquiers suivant lui, *étaient des gens sans patrie.* Depuis, à propos d'un refus d'argent que lui fit la Banque de France, on lui a entendu dire ce qu'il avait imprimé vingt ans auparavant. Buonaparte quitta Marseille sans payer son imprimeur, le nommé Sabin Tournal, d'Avignon. Tout semblait oublié depuis dix ans, lorsqu'on lui présenta dans son palais un mémoire de 200 francs pour frais d'impression, avec un exemplaire du *Souper de Beaucaire* pour constater la dette. Il s'informa avec inquiétude, si c'était le seul qui restât, et offrit de donner 500 francs de chaque exemplaire d'une édition pour laquelle il n'avait pu payer, en 1793, deux cents francs.

Il y avait à Orange une *Commission populaire*, qui condamnait à mort cinquante personnes par jour. Buonaparte assistait à toutes les exécutions au pied de l'échafaud, élevant son bonnet rouge sur la pointe de son épée, avec les cris de *Liberté et République*, à chaque coup que le bourreau venait de frapper. Il composa et fit imprimer un *Dialogue* pour célébrer ses assassinats. Il se fait demander par son interlocuteur, pourquoi la guillotine, au lieu d'être au bas de la montagne, n'est pas placée sur le sommet, où elle serait mieux vue de cinq ou six mille spectateurs. Buonaparte répond, que c'est afin que toutes les têtes, en tombant, rendent hommage à la *Sainte Montagne* de la Convention, dont la Montagne d'Orange est l'emblême. Les Députés de la Corse lurent avec horreur cet écrit, monument de la sanguinaire perversité d'un jeune homme de 24 ans.

Plusieurs Généraux de l'armée d'Italie accusèrent Buonaparte, en 1793, de les avoir dénoncés pour les supplanter.

N'étant encore que général de brigade, il blâmait à Nice la guerre défensive, et voulait envahir le Piémont, où il eût trouvé l'argent que la République ne pouvait lui envoyer.

Lors de la chute de Robespierre qu'il appelait *le plus grand des hommes*, Buonaparte, enflammé de fureur, voulut faire marcher l'armée sur Paris, insurger le Midi, déclarer le monstre *Martyr de la Liberté*, et mettre hors la Loi ceux qui l'avaient envoyé à l'échafaud : il n'entraîna personne. Il traita les Proconsuls Conventionnels de lâches et d'imbécilles, et leur dit que la République était perdue. Si alors Buonaparte eût eu autant de pouvoir que de fanatisme, il se serait perdu sans retour ; il ne voyait pas combien toute la France était animée contre le tyran et ses complices.

La convention avait ordonné à ses Comités de faire imprimer les papiers trouvés chez Robespierre. Ceux qui avaient secondé ses fureurs furent compromis, bannis ou livrés aux tribunaux. Robespierre avait gardé des projets et des plans de Buonaparte qui l'excitait à faire *des coups d'État*, à livrer aux bourreaux la moitié des Députés, à faire brûler les faubourgs de Marseille, à combler son port et à exterminer tous les habitans des villes rebelles. On devait imprimer ces plans et ces projets atroces dans le fameux rapport de Courtois (1), mais Fréron obtint qu'on les supprimât.

(1) Il en fut distribué cinquante mille exemplaires.

Le représentant Beffroi, frère de celui qui s'intitulait *le Cousin Jacques*, fit arrêter Buonaparte à Nice. On examina ses papiers, mais il avait brûlé les réponses de Robespierre.

Sorti de prison, Buonaparte se rendit à Paris, où le représentant Aubry le fit destituer comme *Terroriste*.

Buonaparte, qui apportait des assignats de l'armée, se logea d'abord dans le bel hôtel garni de Mr. Grégoire, rue Montmartre. Mais la baisse du papier-monnaie devenant de mois en mois plus rapide, il s'éleva d'étage en étage jusqu'au cinquième. Il connut les besoins de la vie; son habit décelait le mauvais état de ses finances.

Pendant cet hiver rigoureux où Pichegru conquit la Hollande, et s'empara de la flotte du Texel avec sa cavalerie, je vis tous les jours Buonaparte au cabinet littéraire de *Girardin*, dans une rotonde du Palais Royal. La femme du Libraire, qui le traitait familièrement, lui offrait quelquefois un bouillon, en lui disant : *en voulez-vous, Corsier?* Son frère Louis, qui fut depuis roi de Hollande, était si pauvre, qu'il fréquenta pendant plus d'un an ce cabinet de lecture, sans pouvoir payer l'abonnement qui n'était que de 6 fr. par mois. Quelques années après, Buonaparte récompensa le sieur Girardin en Souverain. Il lui donna soixante mille francs pour imprimer la *Table du Moniteur*. Cette libéralité fut une étourderie. La facilité des renvois aux évènemens et aux discours, qui auparavant étaient confondus et comme ensevelis dans ce vaste recueil, fait de cette *Table* une espèce d'acte d'accusation contre Buonaparte, ses flatteurs et ceux qui s'égarèrent ou se rendirent coupables au nom de la liberté. Le *Moniteur* était comme un vaste tombeau des crimes et des folies de la révolution. Buonaparte l'ouvrit. Bientôt, effrayé de l'ouvrage qu'il avait commandé, il en arrêta l'impression, qui finit à l'an 10 de la République (an 1802).

Buonaparte marcha contre les *Fédéralistes* de Marseille à la suite de Carteaux, qui de peintre était devenu général. On a souvent entendu dire à ce dernier, lorsque Buonaparte était empereur : « J'ai eu ce petit homme » à mes ordres dans l'armée des *Sans-* » *Culottes* du Midi ».

Lorsque Toulon fut investi (en 1793),

Buonaparte présenta un plan pour réduire la ville, et le général Dugommier lui fit donner le commandement de l'artillerie. Dans le tems que Buonaparte avait des historiographes, qui rarement sont des historiens, on imprima cent fois que le général en chef de l'armée sous Toulon avait dit aux Proconsuls: « Que ce jeune homme fixe votre » attention ; car, si vous ne l'avancez » pas, je vous réponds qu'il saura » bien s'élever de lui-même ». Mais on appliquait plus souvent la prédiction du vieux Général à l'ambition du Corse qu'à son talent reconnu pour la guerre.

Au moment où Toulon se rendait, six mille familles se sauvaient vers le rivage à travers le feu des batteries que Buonaparte commandait. Quinze cents Toulonnais, des mères désolées, emportant des enfans dans leurs bras et à la mamelle, disparurent sous la mitraille dans les flots de la mer. Bientôt, à la tête de huit cents galériens que les Proconsuls avaient déchaînés, Buonaparte acheva de soumettre la ville par terreur.

Le Comité de Salut public ordonna de démolir Toulon, et de mettre à mort tout ce qui restait d'habitans.

Les Proconsuls leur enjoignirent, sous peine de la vie, de se rendre au Champ-de-Mars. L'espoir du pardon rassembla huit mille citoyens des plus honnêtes dans la même enceinte, qui allait devenir pour eux un horrible et vaste tombeau. Un Jury fut nommé et choisi parmi les hommes que l'ennemi avait tenus enchaînés sur ses vaisseaux, tandis qu'il occupait la ville. Ces monstres, altérés de vengeance et de sang, désignaient pour victimes tous ceux à qui ils devaient de l'argent, et dont ils se proposaient de partager les dépouilles. Buonaparte rangea les canons avec le sang-froid d'un bourreau qui dispose l'instrument du supplice; il commanda les décharges à mitraille contre les malheureux à genoux devant lui. Dès la première décharge, un Proconsul cria : « Que tous ceux qui » ne sont pas morts se relèvent, la » République leur fait grâce ». Les blessés obéissent : Buonaparte les foudroie une seconde fois, et ordonne aux forçats de sabrer ceux qui palpitent encore.

Les proscrits qui, en se cachant, se dérobèrent à cette sanglante exécution, furent livrés peu de jours après au bourreau. Un vieillard paralytique, trop faible pour monter sur une charrette, fut porté dans une chaise à bras jusques sur l'échafaud. Une jeune femme eut la tête tranchée vingt-quatre heures après les douleurs de l'enfantement. Le siège de Toulon coûta la vie à vingt mille Français tués en combattant, ou livrés à des supplices inouis dont Buonaparte fut le principal ministre.

Ce siège, où il avait montré tant de barbarie, et ses liaisons avec Robespierre, éloignèrent de lui, quand il revint à Paris, tous les généraux dont l'humanité avait honoré la vaillance sur le champ de bataille. Il fut question dans les Comités, de déporter Buonaparte à Cayenne, avec Billaud-Varennes et Collot-d'Herbois.

Cependant il eut l'audace de demander de l'emploi dans l'armée. Il assiégea, pendant un an, la porte du représentant Aubry, chargé de la direction de la guerre. Chassé sans cesse, il revenait toujours. Il s'humilia au point de donner à dîner aux domestiques d'Aubry. Croyant que la bassesse de la condition faisait celle de l'âme, il chercha à les intéresser par de faibles dons, en se disant patriote de 1793 opprimé. Ces détails me furent racontés par Aubry qui ajouta : « Je ne connais pas,

» d'homme capable de pousser plus » loin la science de l'intrigue et le » courage de la honte ».

Rejeté partout, Buonaparte implora la faveur d'aller servir dans l'artillerie du Grand-Turc. Mais le général Aubert-Dubayet, qui venait d'être nommé Ambassadeur à Constantinople, déclara qu'il suffirait d'un pareil intrigant pour brouiller la Turquie avec la France.

Buonaparte, signalé comme le premier satellite de Robespierre, n'eut bientôt plus d'espoir. Fréron lui donnait 50 fr. tous les mois sur son traitement de député. MM. T.., B.... et P... vinrent souvent à son secours (1). Il se fit courtier. Le Gouvernement vendait alors 3000 fr. les places d'agent de change. Buonaparte en fit solliciter une et éprouva encore l'humiliation d'un refus. La Bourse soupçonna sa probité, comme on douta depuis de son courage. Si on remarque les obstacles qu'il trouva sur le chemin de la fortune, on jugera qu'aucun homme n'a plus montré de cette constance qui ne se rebute jamais.

Il se jeta dans la débauche. Tous

---

(1) Plusieurs personnes conservent encore des billets de Buonaparte, contenant des reçus de 10, 15 ou 20 fr.

les jours, dans les cafés de Paris, il attendait le petit écu ou un dîner de taverne offert par d'anciens officiers qu'il affecta de méconnaître (1). Il rechercha la société de quelques comédiens, pour apprendre, disait-il, *à bien parler*. Il prononçait *Section* (de Corps Législatif), *estriment aujourd'hi*, pour Session, extrêmement aujourd'hui. Un acteur célèbre qui lui donna, dix ans après, des leçons de *dignité impériale*, n'avait pas tout-à-fait corrigé ce défaut de langage en 1814. Dugazon lui donnait souvent à dîner et le faisait entrer *gratis* au Théâtre Français par la porte des acteurs. Buonaparte conserva avec ce personnage comique une longue familiarité. Mais un jour, lui frappant sur le ventre, il lui dit : *Comme vous vous arrondissez, Dugazon!* — *Pas autant que vous, petit papa*, répondit le Comédien ; *vous vous y entendez mieux que moi*. Dès lors, Buonaparte lui ferma sa porte, et Dugazon dut s'estimer heureux que sa plaisanterie ne lui eût pas coûté plus cher.

(1) Tilly, qui lui avait prêté 600 fr., mourut dans l'exil à 50 lieues de Paris. Fréron, qui avait nourri toute la famille de Buonaparte, n'obtint pour toute reconnaissance qu'une Sous-préfecture à St.-Domingue, qu'il regarda comme un exil.

Buonaparte n'a dû sa terrible réputation qu'à la lâcheté des factions que la révolution avait engendrées. Ces factions se dévoraient entre elles pour se disputer un pouvoir dont il se saisit en les comprimant.

En 1793, il a su profiter de leurs discordes, et il a même abusé de la valeur française, qui, sans lui et avant lui, avait fait preuve de courage et produit des généraux plus habiles et plus humains que lui. Leur but n'était point de faire fortune en égorgeant et en dévastant les cités, ni dans l'espoir des dignités de Baron, Comte, Duc, Prince, etc.; mais ils étaient dirigés seulement par l'amour de la patrie.

Buonaparte a commencé sa carrière militaire en 1793, sous les auspices des Jacobins et de la faction de la Convention Nationale (dite de la Montagne), à qui la France doit l'exécrable régime de la *Terreur* qu'on aurait tort de ne pas nommer *Régime de Sang*.

Buonaparte, naturellement cruel, en a suivi le système.

Cette faction le chargea d'abord de faire mitrailler par des Français les paisibles et honnêtes habitans de Toulon, de Marseille et de Paris; ensuite le Directoire exécutif lui ordonna d'aller dévaster l'Italie et d'y établir des gouvernemens républicains ; d'enlever tous les monumens, l'or, l'argent, et d'incendier les communes *rebelles*, etc. etc. Buonaparte fit des *prodiges de valeur*, en faisant égorger ses soldats.

Le lâche Directoire, redoutant son audace et voulant l'éloigner, l'envoya en Égypte avec une armée de quarante mille hommes d'élite dont les neuf dixièmes ont péri.

Le système d'anéantissement de toutes les monarchies pour établir une république universelle et les levées en masse pour faire la guerre, est encore l'ouvrage de ceux qui alors gouvernaient la France.

La chronologie que nous nous sommes proposé de publier dans cet opuscule présente une série d'évènemens qui commence à la fin du règne de la fameuse Convention, époque où elle voulut donner un gouvernement aux Français. On y découvre les moyens employés par le parti de la *Montagne*, protecteur de l'*anarchie*, pour se perpétuer dans les premières fonctions, et continuer d'asservir la France sous son autorité. Mais étant en opposition avec leurs Collègues, qui n'avaient pas voté la mort du Roi, il fallut imaginer une conspiration pour se débarrasser d'eux. Elle eut lieu le 5 octobre 1795, journée sanglante où Buonaparte se signala. Ainsi la Constitution, le Directoire et les deux Conseils naquirent dans des jours de carnage, et furent établis sur des bases anarchiques. Le Directoire, voyant l'édifice s'écrouler, appela à son secours, pour la troisième fois, le général Buonaparte, qui, adroitement avec son frère Lucien, les renversa tous, détruisit la Constitution Directoriale, et se déclara Chef du Gouvernement, sous le titre de Premier Consul Provisoire, Consul à Terme, Consul à Vie, ensuite Empereur des Français, Roi d'Italie, etc. etc.

Il détruisit alors toutes les républiques qu'il avait formées étant général sous les ordres du Directoire; il bouleversa toutes les monarchies. Il forma des Royaumes, il y plaça tous ses frères, excepté un d'entre'ux qui s'y refusa; ils furent placés comme ses Lieutenans sous le nom de Roi. Il établit partout une nouvelle noblesse qui lui forma une armée de *valets titrés*.

Le 26 février 1803, Buonaparte voulait s'asseoir sur le trône de France; mais avant de rien entreprendre, il essaya d'obtenir en sa faveur l'abdication de Louis XVIII. Il chargea alors une personne de grande distinction de se présenter au Roi de France, qui était à Varsovie, pour proposer à Sa Majesté de renoncer au Trône de France, et d'y faire accéder tous les Membres de la Maison de Bourbon. Le Roi répondit à une pareille demande avec la dignité que l'adversité n'avait fait que relever. Voici sa réponse : « J'ignore quels sont les desseins de Dieu » sur ma race et sur moi, mais je » connais les obligations qu'il m'a imposées, par le rang dans lequel il » lui a plu de me faire naître. Chrétien, » j'en remplirai les obligations jusqu'à » mon dernier soupir. Fils de St.-Louis, » je saurai à son exemple, me respecter » jusque dans les fers ; successeur de » François I.er, je veux du moins » pouvoir dire avec lui : *Nous avons* » *tout perdu, fors l'honneur.* »

Tous les Princes de la Maison de Bourbon qui étaient à Varsovie ou en Angleterre, ont adhéré de cœur et d'âme à la déclaration de Louis XVIII. L'émissaire de Buonaparte demande de nouvelles instructions ; il reçoit une réponse, en date du 25 avril, digne de Néron et de Caligula ; nous devons la faire connaître :

1.° Le Prétendant (Louis XVIII) ayant refusé d'accéder à la proposition du premier consul, vous l'enleverez de force ; et s'il fait la moindre résistance, vous le tuerez. Comme il est possible que, dans le cas d'une rupture avec l'Angleterre, une armée française occupe le Hanovre, on vous enverra un détachement de troupes françaises en habit bourgeois. Le comte de *** en sera informé, et donnera des ordres à la Régence de Varsovie de ne point envoyer de troupes après vous, pour ramener ou protéger le Prétendant.

2.° Vous tâcherez de vous emparer des papiers de M. de la Chapelle et de M. de la Chapelle lui-même, s'il est possible, ainsi que de Mr. le Comte d'Avray.

3.° Assurez-vous des commis de la poste de Varsovie, pour intercepter, ou au moins pour lire les lettres qu'écrit Louis XVIII, et celles qui lui sont adressées. On fit passer de Paris à Hambourg cinq mille ducats, qui furent de suite envoyés à Varsovie pour aider à la réussite du projet. L'émissaire ne s'étant point conformé à aucune de ces infâmes instructions, quitta la

Pologne. Un an après, on en envoya deux autres pour concerter les moyens d'empoisonner Louis XVIII et toute sa famille. Cet infernal projet fut découvert : ce qui vraisemblablement décida le Roi à quitter Varsovie. Les projets exécrables de Buonaparte sur Louis XVIII ayant avorté, il chercha (en 1804) à attirer en France les Princes Français qui étaient en Angleterre, et de les faire accompagner par les généraux Pichegru, Georges, etc. etc. L'affaire de Georges tourna différemment que ne le voulait Buonaparte. Le besoin de s'abreuver du sang des Bourbons, lui fit jeter les yeux sur le malheureux Duc d'Enghien qui fut égorgé à Vincennes le 21 mars 1804.

Buonaparte, avide du pouvoir souverain, fit, en 1801, avec la Cour de Rome un Concordat. Le principal but de cette transaction, où le Chef de l'Église fit tant de sacrifices pour le bien de la Chrétienté, fut de recevoir la couronne de la main de l'Évêque de Rome. En habile politique, il voulait joindre à la force des armes celle de l'opinion et des idées religieuses, qui peut seule tout surmonter.

Sous Buonaparte, la persécution fut l'ouvrage des ennemis les plus dangereux de la Religion. Partout on proclamait le respect pour l'Église, et nulle part on ne faisait ce qu'il fallait pour la rétablir.

En 1808, conspiration de Buonaparte contre la dynastie des Bourbons en Espagne, pour y placer son frère Joseph qu'il fit proclamer Roi des Espagnes et des Indes.

NAPOLÉON s'échappe le 5 novembre 1812, de son quartier-général de Smorgono, après avoir remis le commandement de son armée au soi-disant Roi de Naples.

Le 10 novembre, arrivée incognito de Napoléon à Varsovie, sur une mauvaise voiture montée sur un traîneau fait de quatre morceaux de bois de sapin, seul équipage qui lui restait de tant de grandeur et de magnificence. Il loge à l'hôtel d'Angleterre; il fait venir M. de Pradt, après lui avoir fait plusieurs questions, lui dit: *il faut lever dix mille Cosaques Polonais. Une lance et un cheval suffiront. On arrêtera les Russes avec cela.* Le comte de Stanislas Potock et le Ministre des finances, sur les protestations qu'ils firent de la satisfaction qu'ils éprouvaient à le voir sain et sauf après tant de dangers: « Dangers!

dit-il, pas le moindre. Je vis dans l'agitation ; plus je tracasse, mieux je vaux ; il n'y a que les Rois fainéans qui engraissent dans les palais : moi, c'est à cheval et dans les camps. Du sublime au ridicule, il n'y a qu'un pas ; je vous trouve bien alarmés ici. L'armée est superbe ; j'ai cent vingt mille hommes ; j'ai toujours battu les Russes. Ils n'osent pas tenir devant nous. Ce ne sont plus les soldats de Friedland et d'Eylan ; on tiendra dans Wilna ; je vais chercher trois cent mille hommes. Le succès rendra les Russes audacieux ; je leur livrerai deux ou trois batailles sur l'Oder, et dans six mois sur le Niémen. Je pèse plus sur mon trône qu'à la tête de mon armée, parce qu'il faut que je me débarrasse de certains généraux qui me font ombrage ; sûrement je quitte mon armée à regret, mais il faut surveiller l'Autriche et la Prusse. Tout ce qui arrive n'est rien : c'est un malheur ; c'est l'effet du climat ; l'ennemi n'y est pour rien : je l'ai battu partout. On voulait me couper à la Bérésina : je me moquai de cet imbécille d'Amiral. J'avais de bonnes troupes et du canon ; la position était superbe : mille cinq cents toises de marais, une rivière ». Cela revint deux fois. Il ajouta beaucoup de choses sur les âmes fortement trempées, sur les âmes faibles, à peu près tout ce que l'on trouve dans le vingt-neuvième Bulletin »; puis il continua en disant : « J'en ai vu bien d'autres à Marengo ; j'étais battu jusqu'à six heures du soir ; le lendemain j'étais le maître de l'Italie. A Essling, j'étais le maître de l'Autriche. Cet Archiduc avait cru m'arrêter ; il a publié je ne sais quoi ; mon armée avait déjà fait une lieue et demie en avant ; je ne lui avais pas fait l'honneur de faire des dispositions, et on sait ce que c'est quand j'en suis là, parce que j'ai des hommes tant que j'en veux. Je ne puis pas empêcher que le Danube grossisse de seize pieds dans une nuit. Ah ! sans cela, la Monarchie Autrichienne était finie ; mais il était écrit au Ciel que je devais épouser une Autrichienne. De même en Russie, je ne puis empêcher qu'il gèle : on vient me dire tous les matins que j'ai perdu dix mille chevaux dans la nuit ; eh bien ! bon voyage ! nos chevaux normands sont moins durs que les russes ; ils ne résistent pas passé neuf degrés de glace ; de même des hommes : allez voir les Bavarois, il n'en reste pas un. Peut-être dira-t-on que je suis resté trop long-tems à Moskow. Cela peut être : mais il faisait si beau; la saison a devancé l'époque ordinaire ; j'y attendais la paix. Le 5 octobre j'ai envoyé Lauriston pour en parler. Mais j'ai su un peu tard qu'on l'avait amusé. J'ai pensé à aller à Pétersbourg : j'avais le tems, dans les provinces du Midi de la Russie, à passer l'hiver à Smolensk. On tiendra à Wilna. J'y ai laissé Murat le roi de Naples. Ah ! ah ! c'est une grande scène politique. Qui n'hasarde rien, n'a rien. Du sublime au ridicule il n'y a qu'un pas. Les Russes se sont montrés. L'Empereur Alexandre est aimé. Ils ont dès nuées de Cosaques. C'est quelque chose que cette nation ! Les paysans de la Couronne aiment leur Gouvernement. La noblesse est montée à cheval. On m'a proposé d'affranchir les esclaves ; je ne l'ai pas voulu, ils auraient tout massacré : c'eût été horrible. Je faisais une guerre réglée à l'Empereur Alexandre; mais aussi, qui aurait cru qu'on frappât jamais un coup comme celui de la brûlure de Moskow ? Maintenant ils nous l'attribuent ; mais ce sont bien eux. Cela eût fait honneur à Rome. Beaucoup de Français m'ont suivi ;

ah ! ce sont de bons sujets ; ils me retrouveront ». Alors Napoléon se jeta dans toute sorte de divagations, sur la levée de ce corps de Cosaques en Pologne, qui, à l'entendre, devait arrêter cette armée russe, devant laquelle trois cent mille Français venaient de fondre. Les Ministres eurent beau insister sur l'état de leur pays, il n'en démordit pas. Jusque là, j'avais cru devoir lui laisser le champ libre, dit M. de Pradt ; je ne me permis pas de me mêler de la conversation que lorsqu'il s'agit de l'apitoyer sur la détresse du Duché. Il accorda, à titre de prêt, une somme de deux à trois millions de billon de Piémont, qui était depuis trois mois à Varsovie, et deux à trois millons en billets, provenant des contributions de Courlande. Ce fut moi qui dressai l'ordre pour le ministre du trésor. Il annonça l'arrivée prochaine du corps diplomatique. « Ce sont des espions, dit-il ; je n'en voulais pas à mon quartier-général. On les fait venir ; tout cela n'est que des espions, uniquement occupés d'envoyer des bulletins à leur Cour ». La conversation se prolongea ainsi pendant près de trois heures : le feu s'était éteint : le froid nous avait tous gagné. Napoléon, se rechauffant à force de parler, ne s'était aperçu de rien ; il avait répondu, sur la proposition de traverser la Silésie : « Ah ! ah ! la Prusse ». Enfin, après avoir répété deux ou trois fois : *du sublime au ridicule il n'y a qu'un pas* ; après avoir demandé s'il était reconnu, et dit que cela lui était égal ; avoir renouvellé aux Ministres l'assurance de sa protection, et les avoir engagés à prendre courage, il demanda à partir. Je lui renouvelai l'assurance que, dans le cours de l'ambassade, rien, de ce qui concernait son service, n'avait été oublié. Les Ministres et moi lui adressèrent les paroles les plus respectueusement affectueuses pour la conservation de sa santé, pour le succès de son voyage. « Je ne me suis jamais mieux porté ; quand j'aurais le Diable, je ne m'en porterais pas mieux ». Telles furent ses dernières paroles. Aussitôt il monta sur l'humble traîneau qui portait César et sa fortune, et disparut. Un choc violent manque le renverser en franchissant le seuil de la porte. Le 16 décembre, arriva le Duc de Bassano (Maret) avec le général Lauriston ; ils étaient persuadés qu'on tiendrait dans Wilna. Alors, je lui déclarai ma résolution de quitter les affaires et l'ambassade ; il calma de son mieux ce premier mouvement. Il avait dans sa poche mes lettres de rappel, que Buonaparte lui adressa lors de son arrivée à Kowno, à vingt lieues de Varsovie, à cinq heures du matin ; il écrivit au Duc une lettre de quatre pages, au bas de laquelle se lisaient ces mots : « J'ai vu, à Varsovie, l'abbé de Pradt : il m'a dit toutes sortes de choses ; il me paraît qu'il n'a rien de ce qu'il faut dans cette place : je ne lui ai rien témoigné ; vous n'avez qu'à le rappeler ». Le reste de la lettre concernaît cette levée de cosaques, à laquelle il attachait le salut bien tardif de la Pologne.

L'ambition de Buonaparte était d'être Chef unique d'une Monarchie universelle. Si l'histoire ne peut lui refuser la gloire de grandes actions, elle doit lui demander combien elles ont coûté de larmes, de sang et d'argent ? Peut-on voir sans frémir toutes les pertes faites sous son règne !

Ce sont les victoires de Buonaparte qui ont amené deux fois jusque dans la Capitale des troupes étrangères.

La première fois, les Souverains Alliés, par égard pour Louis XVIII, et convaincus que les Français avaient été victimes du despotisme et de la tyrannie de Buonaparte, nous avaient traités avec générosité.

La seconde fois, nous sommes les victimes de la trahison la plus infâme; L'on fait supporter les charges et les rétributions énormes de guerre par tous les Français; elles n'auraient dû peser que sur les complices de l'usurpateur; et s'ils ne sont que frappés de l'ignominie universelle, ils diront comme Buonaparte : *Quand j'ai parcouru ma carrière, je n'avais qu'un écu de six livres dans ma poche et j'en sors fort riche.*

Buonaparte a su, avec de l'or, réduire au silence des hommes qui ont trahi leur *patrie* et l'*humanité*; VIL SÉNAT qu'il a gorgé d'or et de dignités; flagorneurs et lâches Préfets, qui disaient toujours que la levée en masse se faisait avec le plus grand succès.

Si le Sénat Conventionnel est coupable d'avoir envoyé froidement, pendant dix-huit mois, 8 à 900 mille individus de tout sexe à l'échafaud, les Sénateurs de Buonaparte sont bien plus criminels; car ils ont pendant quatorze années, moyennant trente-six mille francs par an chacun, fourni six millions de Français pour la boucherie d'un seul homme, qui a porté le carnage et l'incendie chez tous les peuples; et ce que l'histoire ne voudra pas croire, c'est que jamais ces Sénateurs n'ont poussé un soupir en faveur de l'humanité !....

Ces Sénateurs diront : Buonaparte a fait de grandes choses; on lui doit des quais, des ponts, des canaux, des fontaines *près des rivières*, des routes, etc. Cela est vrai, mais on lui doit également une nouvelle noblesse qui a dilapidé plusieurs milliards, des bastilles et six millions cinq cent mille Français qui ont été égorgés !....

On lui doit encore *le brûlement des marchandises anglaises*, la *fabrication du sucre de betterave*, *celle de soude factice*, et enfin *la ruine totale du commerce*.

Le règne de Buonaparte a été par jour un siècle de tyrannie, violation du droit des gens, emprisonnemens arbitraires, déportations, fusillades, assassinats, etc. Le Sénat a sanctionné tous ces crimes. La sentence de condamnation de tous ces Sénateurs se trouve dans l'acte de déchéance de Buonaparte, rendu par le Sénat le 2 avril 1814.

L'article 6 du projet de la nouvelle Constitution du 6 avril suivant prouve encore leur rapacité.

Les plus coupables s'il peut y en avoir après les Sénateurs, sont : les Ministres, les Conseillers d'État, les Préfets, les Procureurs Impériaux, etc.

L'acte d'abdication de Buonaparte, au milieu de plus de quarante mille hommes de ses troupes qui lui étaient dévoués, son discours pour les dégager de leur serment, en les invitant à être aussi fidèles au Roi qu'ils l'ont été à lui, prouvaient le profond machiavélisme de son caractère, puisqu'au même moment il combinait son dernier attentat, qui a eu lieu par son retour de l'île d'Elbe.

Le traité qu'il a fait avec les Puissances Alliées, dans lequel on voit jusqu'à quel point il stipule ses intérêts pécuniers pour lui et sa famille, prouve encore que c'est à tort qu'il a été qualifié de *Grand Napoléon*, après avoir été bien petit en tout, excepté en scélératesse.

En 1815, son prétendu règne qui a duré trois mois, à la honte des Français, a été celui de la corruption la plus infâme, l'on peut dire qu'il a été le *Règne des Parjures*.

Sa dernière campagne, ou plutôt sa boucherie, sa fuite de l'armée, sa prétendue seconde abdication en faveur de son fils, son départ de Paris avec cinquante chariots chargés de meubles et autres effets précieux, sa conduite envers le gouvernement anglais, dont il a réclamé la protection, son départ pour l'île Sainte-Hélène, sont encore un dernier trait qui nous le montre à nu, également vil et lâche puisqu'il n'a pas su mourir.

Napoléon avait créé cette foule d'aventuriers qui le soutenaient. Plus puisssant par une politique artificieuse et cruelle que par un véritable génie ; plus adroit que fort ; plus menaçant qu'imposant, il était incapable d'être grand à quelque élévation qu'il fût parvenu ; astucieux jusqu'à la perfidie quand il avait besoin de tromper ; souple jusqu'à la bassesse quand il craignait ; implacable et féroce au-delà de toute expression quand il voulait se faire craindre : il n'aimait que la guerre et le pouvoir, et il rapportait tout à ces deux passions, sans savoir précisément ce qui fait le grand capitaine et le grand monarque.

Il a triomphé comme Attila et régné comme Tibère. A une violence incurable de son caractère, Napoléon joignait un aveugle entêtement pour l'issue de ses plans.

On connaît ces mots affreux qu'il proféra sur le champ ensanglanté de la Moskowa : *Quel beau jour !* Que pouvait-on d'ailleurs attendre d'un homme qui avait fondé son empire dans le sang du Duc d'Enghien, dans celui de Pichegru, de Georges et de tant d'autres victimes de sa cruauté inquiète et soupçonneuse? Il tenta de se faire nommer votre *Providence* ! de misérables courtisans l'ont appelé ainsi, mais la nation n'était pas assez déchue pour lui donner ce titre. Les Anglais l'appelaient l'*Empereur Jacobin de France*.

Pendant quinze ans Buonaparte a toujours eu des valets en titre, disposés à toutes les bassesses, à tous les excès et à tous les crimes les plus noirs. Une action épouvantable commise à son service, constatait une espèce d'adoption, et il avouait ce lien et le proclamait avec une intrépidité qui navrait le cœur. Quand un de ses sicaires s'était souillé pour lui, d'une de ces taches qui ne s'effaçaient plus, il s'empressait de le montrer à la nation, à l'Europe, lui donnait une préfecture, une ambassade, un ministère, ou il en faisait un Roi.

Buonaparte ne convenait point à la France, il aurait tout au plus convenu à quelque peuple à demi sauvage qui aurait eu besoin d'un maître belliqueux et d'une gloire inquiète, mais qui aurait été trop barbare encore pour attacher un juste prix aux lois et à la liberté.

Rapport des Évènemens arrivés à Marseille le 14 Avril 1814 et jours suivans, et de ceux depuis le 4 Mars 1815 jusqu'au 25 Juin de la même année.

Les années 1814 et 1815 ont été pour la France et pour la ville de Marseille des époques bien mémorables par l'heureux avénement de Louis XVIII au trône de ses Pères. Cette Ville a montré le plus vif enthousiasme le 14 Avril 1814, à la nouvelle que les Alliés avaient remporté une victoire des plus brillantes aux portes de la ville de Paris et qu'ils avaient rétabli le Roi Legitime. La joie fut au comble pendant plusieurs mois. Mais elle ne dura pas long-tems pour les vrais et fidèles Marseillais, qui apprirent le 4 mars, que Buonaparte avait quitté le lieu de son exil et que suivi d'une troupe de satellites d'environ 800 hommes ramassés çà et là; il rapportait en France, avec de belles promesses, tous les maux attachés à son gouvernement despotique. On fut long-tems à croire à la réalité de cette nouvelle; ceux qui aiment sincèrement leur Roi et leur Patrie, regardaient cette entreprise comme une nouvelle folie de l'*usurpateur*. Pouvaient-ils croire qu'il y eût en France assez de traitres, assez d'ingrats pour oublier la clémence et tous les bienfaits du plus sage des Rois ? Pouvaient-ils penser que la majeure partie d'une armée dont le sang avait coulé pour les caprices extravagans d'un despote, pût encore se rallier sous ses drapeaux sanguinaires et se décider à marcher contre des compatriotes, contre des habitans fidèles ? Enfin de nouveaux détails arrivent ; il n'est plus possible de douter que le débarquement de l'*usurpateur* a été opéré le 2 mars à Cannes : on connaît déjà sa marche ; il est partout attendu par des conspirateurs qui facilitent son passage, il traverse des lieux impraticables avec une célérité étonnante : cependant la Garde Nationale s'offre de marcher sur-le-champ, le peuple en masse demande des armes à *Massena*, gouverneur de la 8.e Division militaire, pour aller combattre l'*ennemi du genre humain* ; il n'ose rien refuser, ... il pouvait tout ..... mais, le Maréchal quoique comblé des faveurs du Roi, met à le défendre une lenteur qui fait frémir, qui décourage tous les bons Marseillais.

Si l'élan de la Garde nationale et des Royalistes Portefaix eût été secondé, si, dans toute la Provence, les avis eussent été donnés à tems, Buonaparte et ses satellites auraient été exterminés au Pont de Sisteron; mais le traitre *Massena* servait déjà le compagnon de ses rapines et abandonnait son Roi....... Pendant qu'il feignait par de belles proclamations d'applaudir à notre zèle, ses aides-de-camp attendaient *Buonaparte* sur sa route et prenaient ses ordres; tandis qu'il nous trompait par des rapports mensongers, notre garde nationale courait les plus grands périls dans une entreprise inutile.

La ville de Marseille offrait cependant l'aspect d'une ville toute dévouée à son Roi. Une quantité innombrable de drapeaux blancs flottait sans cesse aux fenêtres; le buste du Roi était placé sur tous les édifices publics, dans les places, sur les marchés: il était couronné de fleurs par les revendeuses des places et les bouquetières: des hommes, des femmes, des enfans le promenaient avec respect, en chantant de jolies chansons que les

Revendeuses Royalistes de la place St.-Louis avaient composées sur l'air de *Vive Henri IV*, à l'honneur de la Famille des BOURBONS. Il semblait, dans ces jours de tristesse, que l'image de ce bon Père ne pouvait être assez multipliée pour consoler sa grande famille.

C'est dans cette situation que Monseigneur le DUC D'ANGOULÊME trouva à son arrivée à Marseille (le 15 mars 1815), ses fidèles habitans. Il a pu à son retour, dire au Roi avec quel accueil il en fut reçu : on ne célébra point son arrivée par des fêtes pompeuses (pouvait-on en donner alors) ? mais par des larmes sincères, il vit que les Marseillais étaient dévoués aux BOURBONS, que leurs sermens partaient du cœur, et qu'ils ne trouveraient point parmi eux de parjures : ah ! plût à Dieu qu'il eût pu penser ainsi du gouverneur qui alors osa l'embrasser. Voici une anecdote qu'on a recueillie à ce sujet. Telle était la conviction des habitans, relativement à la perfide conduite de *Massena*, qu'au moment où le Duc d'Angoulême parut à Marseille, dans une calèche découverte, ayant à sa droite le *Maréchal*, un habitant courageux s'écria : *Prince*, *vous êtes trahi ; et le traitre est à vos côtés.* Les femmes du peuple, de ce Peuple Marseillais si attaché à son Roi, criaient également : *Nouestre bouen Prince, anas plan doou borni*, ce qui signifie : *Notre bon Prince, prenez garde au borgne.* Cette anecdote est bien authentique. A la voix de ce Prince, tout ce peuple court aux armes, une armée se forme comme par magie, on marche, on est bientôt en présence de l'ennemi. C'est ici que l'espérance s'évanouit, que les traîtres paraissent, que les désastres commencent ; les régimens de ligne, qui dans les rangs, juraient de nous suivre, abandonnent nos drapeaux sans tache et tournent leurs armes contre nous : ils diminuent nos forces, en augmentent celles de l'ennemi, chaque pas découvre un piège, chaque instant démasque un traître. On est trompé, trahi, vaincu ; le Duc d'Angoulême est lui-même forcé de capituler. On apprend alors que l'*usurpateur* est arrivé à Paris le 20 mars et que le Roi en est parti, la nuit précédente, avec son auguste Famille, pour se rendre à Gand.

La consternation la plus grande règne à Marseille : *Massena* fait signifier, par une proclamation envoyée de Toulon en date du 11 avril 1815, où il était, qu'il faut se soumettre à Buonaparte, ou qu'il est prêt à marcher avec des troupes ; l'armée de Grouchy, commandée par un des plus fameux satellites de l'*ennemi du genre humain*, s'avance d'un autre côté, le Duc d'Angoulême s'embarque à Cette, toutes les Villes du Royaume sont soumises et comment ? Marseille, la dernière qui ait conservé le pavillon blanc, subit le même sort et le *drapeau tricolore* est arboré le 12 avril 1815. Malgré l'appareil militaire le plus terrible, malgré les provocations les plus violentes et les actes arbitraires les plus cruels, l'autorité nouvelle ne peut obtenir une seule fois que le cri des rebelles s'y fît entendre.

Massena part pour Paris aussitôt qu'il apprend que l'*usurpateur* y est arrivé avec ses brigands. Il est remplacé par son digne collègue *Brune* (*) qui, étonné de la tranquillité dont jouissait encore Marseille, bouleverse, change tout et commence à persécuter nos premiers Magistrats. Mr. le Marquis d'Albertas, notre respectable Préfet,

---

(*) Chacun sait la fin tragique qu'il a fait à Avignon après la journée du 8 juillet.

est forcé, pour se soustraire aux persécutions de l'oppresseur, de s'enfuir; il est remplacé par Mr. Frochot qui, quoique créature de Buonaparte, s'est assez bien conduit, soit par crainte, soit parce qu'il a toujours cru au retour du bon ordre.

Mr. le Marquis de Montgrand, notre digne Maire, est aussi forcé de fuir, pour éviter la persécution que l'autorité du *tyran* exerçait dans notre Cité.

Le courageux Mr. RAYMOND AINÉ, en qualité de Premier Adjoint, remplit par *interim* les fonctions de Maire jusqu'à l'heureux retour de l'Auguste Famille Royale des BOURBONS.

Le changement de gouvernement n'en opère point dans l'opinion des bons Marseillais. Les Autorités se tiennent sur leur garde, les officiers à demi-solde accompagnés de quelques *Apôtres du Jacobinisme*, tels que les An...., les B...., les C..., les G...., les J..., les M..., les R...., les S..., les V.., etc. etc., font paraître de loin en loin et avec précaution la *cocarde tricolore*.

Les aigles apposées aux proclamations du *désolateur de la Religion et de l'Europe* sont déchirées à mesure qu'elles sont affichées, les PROCLAMATIONS du ROI sont placardées et lues publiquement; malgré toutes les menaces de ces brigands, on porte encore les Lis avec orgueil : mais peu à peu la garnison de l'*Échappé de l'île d'Elbe* augmente : à chaque renfort les révolutionnaires prennent plus d'audace, chaque jour on voit entrer en lice de nouveaux athlètes. Les arrestations commencent comme en 1793. Le *Maréchal Brune*, le général Verdier, le commissaire-général de police Lecointe un des *Régicides*, Rœderer un des agens du *tyran* essaient leurs forces : hier ils exhortaient, aujourd'hui ils commandent, bientôt ils menacent.

Ils exigent de la fidèle garde nationale de passer sous le *drapeau sacrilège*, de prêter serment, de se fédérer avec ce qu'il y avait de plus impur; elle se refuse à tout : l'autorité persiste, la garde refuse encore et les menaces les plus odieuses ne peuvent l'ébranler.... Cependant le jour fatal allait paraître où il fallait obéir.

Le 26 Mai (jour que devait avoir lieu la *farce* du Champ-de-Mars), les Autorités résolurent d'exécuter leurs desseins et de jeter la *terreur* parmi les fidèles Marseillais : à cet effet on appèle les régimens les plus dévoués à l'*Ennemi commun*, on arme les officiers à demi-solde dont on forme un bataillon qu'ils nomment *Sacré* : comme si une garnison nombreuse n'eût pas suffi pour leur projet sinistre, on fortifie les hauteurs et les forts qui dominent la Ville, l'on braque des canons sur le Cours, et la garnison composée d'artillerie, d'infanterie et de cavalerie reçoit l'ordre de bivouaquer et de parcourir les divers quartiers. Deux coups de carabine tirés au bout de la Canebière près la place St.-Louis, sont le signal convenu ; aussitôt des soldats ivres et furieux mettent le sabre à la main, se dispersent dans les rues et tombent sur les braves gardes nationaux isolés qu'ils mutilent ou qu'ils traînent en prison comme des criminels. Les habitans paisibles sont insultés chez eux et jusque dans les cafés où ces *Bonapartistes* cassent et brisent tout ce qui se trouve devant eux ; le café de M. Casati, place Royale, est un de ceux qui ont le plus souffert parce qu'il offre la réunion de ces négocians intègres en qui la loyauté et l'honnêteté sont une même chose. Héritiers des anciens Marseillais, de ces hommes si attachés à leurs Souverains, qui contribuèrent si puissamment à la gloire de leur patrie, la franchise fait leur caractère, le commerce leur occupation, l'amour du Prince leurs délices. Cette bande égarée devait donc porter de préférence ses plus rudes coups sur ce faisceau royal. Aussitôt chacun prit la fuite et se sauva comme il put, une partie se réfugia dans les campagnes, une autre dans des lieux cachés; mais plus près de la ville, d'autres reçurent la mort pour prix de leur résistance courageuse. On ne fit point de quartier à ceux que l'on trouva sans *cocarde tricolore*. Ce signe de ralliement ne mettait pas toujours à l'abri de la violence. Cette soldatesque effrénée avait tout pouvoir.

Dirigée par un groupe d'anciens *Jacobins* Marseillais, elle se portait à tous les excès; tantôt elle ordonnait des illuminations, tantôt elle faisait placer des drapeaux aux *trois couleurs* aux fenêtres; des coups de pierres et de fusils faisaient justice de ceux qui n'obéissaient pas à l'instant.

On savait que depuis long-tems les *amis de l'indépendance et de la liberté* avaient décidé dans leurs Clubs de désarmer la garde nationale et de la réorganiser à leur façon, en y substituant sur-tout des officiers de leur choix; il était naturel qu'ils profitassent de ce jour de *terreur* pour réaliser ce projet infernal qui ne pût être exécuté qu'en partie, vu l'uniformité des sentimens Marseillais. Dès cet instant il n'y eut pas de violences auxquelles on ne se portât, chaque jour voyait éclore de nouvelles vexations, des réquisitions énormes de toute espèce pesaient sur la Ville; on ne mettait plus de fin aux arrestations : nos plus estimables habitans furent traînés indignement les uns à Voiron près Grenoble, au Pont St.-Esprit, à Toulon au fort Lamalgue et les autres dans la Bourgogne près de Châlons. Ceux qui purent échapper à la surveillance du fameux *Lecointe* ou aux dénonciations des Jacobins erraient comme nous dans les montagnes, ou fuyaient chez l'Étranger.

Telle était la situation de Marseille, presque déserte, à l'époque du 25 Juin 1815. C'est ce jour que l'un des triumvirs, *Verdier* (le général), reçut de Paris, par estafette, la nouvelle de l'entière déroute et de la *seconde abdication de Buonaparte* : il hésitait d'en donner connaissance aux habitans dont il se méfiait : les Autorités réunies chez lui pendant plusieurs heures délibérèrent sur le parti qu'il conviendrait de prendre; pendant leurs débats, la nouvelle passe de bouche en bouche, prend de moment en moment plus de consistance et devient enfin publique, c'en fut assez : dans un instant tous les bons habitans se répandirent dans les rues, on s'instruisait de l'heureuse nouvelle. La joie la plus grande éclate, les cris de VIVE LE ROI se font aussitôt entendre partout. Le DRAPEAU BLANC paraît quelques minutes après, la Ville en est toute décorée. La troupe excitée par des officiers à demi-solde insulte quelques personnes portant la COCARDE BLANCHE ; elle se porte à des violences dont plusieurs habitans honnêtes sont victimes ; on court aussitôt aux armes, la fusillade s'engage dans divers quartiers; le peuple est dans la plus grande agitation, on se rappèle les *CRIMES DES FRÈRES ET AMIS DE* 1793, et quelques-uns d'eux périssent.

A six heures et demie du soir, la garde du Palais vint demander au chef du piquet qui était à l'Hôtel-de-Ville un détachement pour accompagner au fort St.-Jean, les soldats de ligne, qui craignaient d'être assaillis par le peuple, ce qui serait peut-être arrivé, sans la vigilance de quinze chasseurs ou grenadiers du 4.e Bataillon, 2.e Légion de la garde urbaine, qui avaient à leur tête le brave J.h Aug.tin Cleris..., ex-adjudant-major dudit bataillon; arrivés à la porte du fort, des cris de *Vive l'empereur* se firent entendre de la part des officiers et soldats de la garnison. Ces incomparables urbains, irrités d'une semblable trahison, ne consultèrent point le danger auquel ils étaient exposés, ils répondirent par des cris de VIVE LE ROI, et forcèrent ces brigands à rentrer dans le fort; ausitôt un sergent des grenadiers du 13.e de ligne revint en criant *Vive l'empereur*: le courageux Cleris.. le repoussa avec indignation, il n'imaginait pas que l'officier qui commandait au fort, eût pu ordonner de faire feu sur ceux qui avaient sauvé plusieurs de leurs camarades; mais c'était sans doute un coup prémédité qui devait être le signal donné aux soldats placés au-dessus de la plate-forme, puisqu'ils firent une décharge de plus de deux cents coups de fusils à la fois sur un peuple sans armes.

Les urbains, forcés alors de se retirer, par le grand nombre qui leur était opposé, se replièrent sur le Port, à l'entrée de la rue Lancerie et à la Tourrette près l'église de St. Laurent en se défendant en tirailleurs, après avoir tué deux ou trois de ces fameux brigands; l'infâme sergent qui avait commencé le feu mourut d'un coup de baïonnette qu'il reçut d'un urbain. Juste châtiment que la Justice Divine a permis en sauvant les jours de nos braves qui n'ont échappé à la mort que par miracle.

La fusillade continua jusqu'au moment où la présence de Mr. RAYMOND Ainé fit cesser le feu (à nuit close).

Ce fut à onze heures que ces dignes soldats de ce *Héros de Crimes* se réunirent avec le reste de la garnison à la rue St.-Ferréol devant l'Hôtel qu'occupait le *FAMEUX VERDIER*, qui à minuit opéra sa retraite sur Toulon.

Les braves habitans des campagnes et des villages, qui avaient tout quitté pour venir défendre la bonne cause, étaient alors hors la porte de Rome et accompagnèrent ces brigands bien avant sur la grande route à coups de fusils et à coups de pierres.

Cette nuit orageuse fut suivie d'un jour plus orageux encore ; le peuple irrité des vexations de la troupe et sur-tout des anciens suppôts de la révolution, fit main basse sur tous ceux qu'il rencontra ; nulle autorité ne put se faire entendre ; le ressentiment fut à son comble ; ce ne fut que le lendemain qu'avec beaucoup de peine, la garde nationale fut réorganisée par le COMITÉ ROYAL. C'est le nom que prit le Gouvernement provisoire qui était composé de MM. les Chevaliers Borrely, de Candolle, de MM. Romagnac fils du cadet, Bruniquel, négocians, et Rostan archiviste de la ville; il parvint à ramener l'ordre qui depuis n'a plus été troublé; au contraire, la Ville a toujours été dans la joie: aucun sacrifice ne lui a coûté pour se mettre en défense, des corps royaux furent formés par le Comité; des chefs expérimentés en prirent le commandement; nos voisins nous imitèrent; le Midi de la France réuni sous l'ORIFLAMME DE ST. LOUIS, reconnut que, si par les localités, Marseille n'a pas été une Vendée, elle a du moins su en imposer aux brigands qui s'étaient réfugiés à Toulon et qui avaient l'intention de piller Marseille et de l'incendier.

Marseille céda la dernière, comme nous l'avons déjà dit; elle fut la première qui arbora le Drapeau sans tache, et qui proclama LOUIS XVIII en présence du *Triumvirat* même, et au moment que les bandes de l'*usurpateur* menaçaient de venir la détruire et qu'elles opprimaient encore la France entière.

Effrayés de cet acte de courage,

Brune, Verdier et Lecointe-Puyraveau s'enfuient avec précipitation.

Ainsi cette Cité importante n'a jamais cessé d'être fidèle aux BOURBONS, et s'honore d'avoir souffert pour leur cause pendant le court intervalle qu'elle a été forcée de se soumettre à l'*oppresseur*.

Nous pouvons même affirmer que par ses nobles efforts, elle n'eût jamais passé sous le joug des traîtres que nous aurions désignés aujourd'hui à la justice du Roi, si les bons Marseillais n'avaient oublié leurs noms. Quelle satisfaction au contraire n'éprouverons-nous pas à faire connaître ces fidèles habitans qui se sont exposés de nuit et de jour à tous les dangers ! Ils ont été sans cesse en opposition avec toutes les Autorités de ce *héros couvert de crimes*; ils ont su par leur fermeté et leur sang-froid arrêter souvent des violences qui auraient mis le comble à nos maux. On doit mettre dans le nombre de ceux qui se sont dévoués, M. Raymond aîné, alors notre Maire, Mr. Borrely, cet estimable Colonel de la garde urbaine, et tous les membres qui composaient avec lui le Comité Royal; leur administration dura jusqu'au jour que notre bon Roi nous eut envoyé Mr. le Conseiller d'État de Vaublanc pour Préfet. Environ deux mois après, Sa Majesté instruite de ses talens administratifs et de son attachement à la bonne cause, l'appela au Ministère de l'intérieur. Ce changement nous a procuré Mr. le Comte de Villeneuve, notre estimable Préfet, administrateur juste et éclairé, digne de la confiance dont il jouit. L'éloge de ces bons Français et de MM. les Urbains est dans toutes les bouches......

La reconnaissance que nous leur devons sera pour toujours dans nos cœurs; elle passera à la postérité la plus reculée.

Il faudrait que nous ne fussions pas Marseillais pour ne pas citer avec orgueil la conduite noble et loyale de notre brave compatriote, Mr. RENAUD DE TREST (aujourd'hui un des membres de la Chambre des Députés), proscrit par *Verdier* qui redoutait encore plus ses vertus que sa valeur, il pouvait obtenir sa liberté, en prêtant serment de fidélité à *Buonaparte*. Mais l'intrépide Mr. RENAUD n'hésite pas, il avait juré de mourir pour la défense de son Roi; il est fidèle à ce serment, et plutôt que de le trahir, il préfère l'exil. Ce trait doit être conservé dans notre histoire, pour faire voir que dans Marseille moderne, il y a aussi de Grands-Hommes.

MM. PAYEN, Négociant, chef de

bataillon d'artillerie de nôtre garde urbaine (aujourd'hui un des Adjoints de Mr. le Maire), GRAS-SALICIS, Avocat, un des membres du Conseil de Préfecture, DUMAIL, Négociant, LAGET, Substitut du Procureur du Roi, TARDIEU, Avocat, ont été tous victimes de leur noble dévoûment. Leur opinion bien prononcée en faveur des BOURBONS leur a attiré la persécution des agens de l'assassin du Duc d'Enghien, principalement celle de *Lecointe*, qui, comme nous l'avons dit plus haut, les fit incarcérer dans divers lieux.

C'est aussi pour nous un vrai devoir de faire connaître un jeune habitant, M. ESP...., qui, à la belle et glorieuse journée du 25 Juin, s'apperçevant qu'il y avait des femmes et des enfans exposés aux violences de ces brigands, osa seul se présenter pour les défendre; son grand zèle et son courage lui furent funestes, atteint de plusieurs balles, il tomba noyé dans son sang, et ce n'a été que long-tems après qu'on a pu espérer de le conserver à sa famille et à sa patrie. Ce brave jeune homme a aussi mérité l'éloge et l'estime de tous nos concitoyens ainsi que tous ceux qui ont malheureusement été blessés à l'affaire qui eut lieu au Fort St.-Jean; leurs noms ne sont pas venus jusqu'à nous.

Les Derniers Efforts des Fédérés du Département de l'Isère en Mai 1816.

Qui oserait mettre en doute la Justice de la Providence? Elle est lente quelquefois, mais elle est sûre, mais tôt ou tard ses Décrets s'accomplissent.

Ceux qui n'ont pas oublié les premières époques de la révolution, se rappèlent que c'est à *Visille* que se tinrent les premiers conciliabules, signal de nos longs orages politiques. On se rappèle aussi que c'est à Visille que Buonaparte, échappé de l'île d'Elbe; vit accourir les traîtres et les parjures sous les drapeaux de la révolte: en 1816, la révolte est terrassée au lieu même où la révolution avait pris naissance, où la révolution avait recommencé son règne odieux et sanglant.

Les derniers efforts de la trahison ont tourné contre les traîtres, et ce qui était, il y a peu de jours, un sujet d'inquiétudes, n'est plus qu'un sujet de sécurité pour le présent, une leçon pour l'avenir. Dans d'autres tems, une politique incertaine, la faiblesse des chefs, l'impunité des séditieux, ne préparèrent que trop les succès de la rébellion. Aujourd'hui la fermeté et la vigilance des administrateurs, l'énergie et l'activité des chefs militaires ont suffi pour déjouer tous les complots.

Que veulent-ils les insensés, qui, sans moyens, n'ayant pour complices que des brigands obscurs, que des hommes qu'ils ont égarés, tentent de lutter contre l'opinion générale, et de plonger de nouveau la France dans l'abîme d'où la Providence l'a fait sortir?

La France, délivrée miraculeusement, échangera-t-elle sa sécurité contre les listes de proscription, les assassinats juridiques, le pillage des propriétés et la violation de tous les principes sociaux? La société, après vingt-six ans de révolution, recevra-t-elle pour équivalent de ses institutions perdues, et de la morale publique qu'on voudrait détruire, l'irréligion, la mauvaise foi, et cette sanglante diplomatie qui se jouait des traités les plus saints, qui mettait dans l'abus de la force toute sa science et ses ressources? Les apôtres de la sédition osaient se plaindre d'un état de choses où leurs coupables erreurs étaient tolérées; ils osaient accuser les bons citoyens, les sujets fidèles, des maux qu'ils avaient faits et qu'ils préparaient encore à la France. Ils reprochaient d'avance les malheurs et les crimes de la guerre civile à ceux qui entreprenaient de réprimer leurs excès et de prévenir leurs brigandages. La guerre civile était un mot qu'ils répétaient sans cesse, et leurs mains étaient armées du poignard et des torches de la révolte : si on devait les en croire, il n'y avait qu'un moyen d'éviter la guerre civile, c'était de rouvrir l'abîme de la révolution, et de les laisser régner sur la France désolée ; mais leurs espérances ont été trompées, et la guerre civile, qu'ils préparaient dans l'ombre, est retombée sur eux. Si des mouvemens sur plusieurs points, ont trahi leur secret, un plus grand secret encore vient de nous être révélé; c'est que désormais toute conspiration est impuissante, et que la Monarchie s'affermit par les vains efforts qu'on fait contre elle : les tentatives des traîtres ne font qu'accroître l'amour et le dévouement des sujets fidèles. Elles font connaître au Gouvernement ses amis et ses ennemis, et nous familiarisent davantage avec cette grande vérité : *Qu'il n'est point de transaction à faire avec les artisans de nos malheurs.*

Une autre vérité nous a été révélée par la nuit du 4 mai; c'est que le génie de la révolte devait être étouffé le jour où l'on cesserait de *parlementer* avec lui; pour étouffer le monstre, il suffisait de l'attaquer et de le combattre ouvertement. Quand l'*usurpateur*, au 2 mars, profana notre territoire, s'il eût trouvé sur son passage à Sisteron un général fidèle à ses sermens, un bataillon qui eût écouté les ordres de son général, nous n'aurions pas à déplorer les calamités qui pèsent encore sur nous. Un coup de fusil tiré sur la route de Cannes à Paris, eût décidé du sort du tyran et fait justice de la tyrannie; il eût bien épargné des maux. Grâces soient donc rendues à l'intrépide général et à la fidélité de la garnison sous ses ordres, qui ont arrêté le mal dans sa source, et qui d'un seul coup ont abattu le monstre prêt à dévorer la patrie.

Si le génie de la rébellion a pu quelquefois égarer la multitude, c'est qu'il s'était revêtu de formes imposantes et trompeuses : on sait que dans le délire de la révolution, la révolte avait été proclamée *le plus saint des devoirs*. On avait été jusqu'à confondre l'esprit de discorde et de sédition, avec l'amour de la patrie, avec l'amour de la liberté. Aujourd'hui les séditieux ont pris soin de se dévoiler eux-mêmes : ces prétendus amis de la liberté, ces prétendus défenseurs de la patrie, sont venus la nuit, comme les voleurs et les assassins; ils voulaient surprendre une ville, qu'ils croyaient sans défense, pour piller les maisons et massacrer les habitans honnêtes. Personne ne peut plus douter de leurs projets, ni se méprendre sur leurs intentions, et l'on peut dire que, dans une seule nuit, la révolution a été vaincue, et tous les révolutionnaires ont été démasqués.

Depuis quelque tems des doctrines scandaleuses sur les devoirs des sujets envers le Souverain, semblaient s'accréditer, des blasphêmes politiques avaient retenti jusque dans les tribunaux chargés de faire triompher la vérité et la justice. Ces doctrines pouvaient produire de funestes effets sur l'opinion publique; mais une poignée de braves fidèles à leur Roi a réparé par son exemple le mal qu'avaient pu faire quelques orateurs imprudens. Le général Donadieu et la garnison de Grenoble viennent de nous aprendre de quel côté est la véritable gloire.

Admirable enchaînement des bienfaits de la Providence! Les séditieux ont tenté un dernier effort lorsque le Gouvernement avait repris toute sa force, lorsque le repos de la patrie était confié à une armée fidele, lorsque des Députés pleins de prévoyance et de dévouement avaient armé le Gouvernement de lois fortes et vigoureuses, lorsque de sages épurations avaient éloigné des administrations principales, les hommes indifférens ou perfides. Les Cours Prévôtales ont puni les chefs de la révolte, excitée par les Fédérés de l'Isère. Elles ont aussi frappé du glaive de la Loi le nommé Pleignier et consorts qui avaient eu le projet de faire sauter le Palais des Tuileries pour ensevelir sous ses débris le Roi et son auguste Famille.

PAROLES SOLENNELLES DE *BUONAPARTE*.

Je suis de ces hommes qu'on tue, mais qu'on ne déshonore pas........ Dans trois mois nous aurons la paix. Qu l'ennemi sera chassé de notre territoire, ou je serai mort.

Ces paroles solennelles et prophétiques, prononcées en présence de la Nation, cet engagement pris à la face de l'Europe, de vaincre ou de mourir ; cette terrible alternative de voir le Grand-Homme *tué ou déshonoré*, alternative présentée par lui-même aux Français, dans toute sa rigueur et sans le moindre ménagement, tout cela dut sans doute remplir et la France et l'Europe d'épouvante et d'horreur,

Et tenir en suspens les peuples étonnés.

Ce n'est pas que l'on n'eût remarqué déjà quelques petits mécomptes dans les oracles du Prophète ; ainsi la maison de Lorraine osait régner encore, quoique Napoléon eût arrêté dans ses décrets qu'elle avait cessé de régner ; ainsi le *Léopard épouvanté* ne se pressait guère d'aller *chercher l'Océan pour éviter la honte*, la défaite et la mort..... Ainsi l'Aigle impériale n'avait pas flotté sur les tours de Lisbonne, deux mois après qu'elles en avaient été menacées ; ainsi l'*Empire des Czars n'était point rejeté en Asie*, et *le mouvement latéral* de Buonaparte sur Pétersbourg ne l'y avait pas conduit encore : enfin il ne nous a jamais semblé bien évident que dans dix ans la dynastie des Napoléons serait la plus ancienne de l'Europe, et nous commencions à soupçonner sa décrépitude, plus que nous n'avions cru à son *ancienneté*. Cependant en dépit de tous ces légers mécomptes, cette nouvelle prédiction nous paraissait moins invraisemblable que les précédentes ; les choses étaient venues à un tel point, l'obligation de vaincre ou de mourir semblait si urgente, et l'alternative de la mort ou du déshonneur si impérieuse, que l'Europe commençait à s'étonner moins des tardives prédictions de Napoléon que de ses lenteurs à les accomplir.

Quoiqu'il en soit, trois mois après nous avons eu la paix comme il l'avait prédit, et de plus Napoléon était mort, non pas avec gloire sur le champ de bataille, mais mort tout entier pour l'histoire, qui ne permet guère de vivre à un héros précipité du trône : quant à l'épopée, on sait qu'elle est inexorable sur ce point. Mais Clio et Erato ont toujours montré une malveillance déclarée contre les jours d'un monarque déchu, bien moins encore lui auraient-elles permis, après avoir occupé le premier trône du Monde et fait trembler l'Europe de son nom, d'aller prendre l'investiture d'un petit État perdu dans les mers. Dioclétien, descendu volontairement du trône, allait cultiver les légumes de son jardin et planter des choux à Salone; et je doute qu'il fût jamais venu dans l'esprit de ce maître du Monde d'aller se faire Empereur de l'île d'Elbe; mais puisque Napoléon y est, il faut l'y laisser, pour nous occuper de son arrivée à l'île d'Elbe.

En mettant pied à terre, il fut reçu sous le dais, et marcha vers l'église paroissiale. Son visage était sombre, ses yeux se fixaient alternativement sur toutes les personnes qui l'entouraient, cherchant à deviner leurs sentimens, et faisant d'inutiles efforts pour cacher la défiance et la peur qui l'agitaient..... A son arrivée à l'église, on chanta un *Te Deum*, pendant lequel Napoléon parut très-affecté, et versa même quelques larmes, en levant les yeux au Ciel. De quelle source coulaient ces larmes ! Nous l'ignorons; mais l'ennemi de la Religion, abattu même dans le Palais de Fontainebleau, où naguere il retenait captif le vicaire de J. C., et peu de tems après versant des larmes dans l'église de Porto-Ferrajo, tournant de sombres regards vers le Ciel, d'où est parti le coup qui l'a terrassé, nous rappèle la fin d'un des plus fameux persécuteurs du Christianisme, de Julien. Cet Empereur, frappé du trait mortel dans la guerre des Perses, emplit sa main de sang et le jeta en l'air, en disant : *Tu as vaincu, Galiléen* ! Nouveau Julien, Napoléon semble accuser le Ciel de sa chute, et on croit l'entendre s'écrier : *Tu as vaincu, Fils de St.-Louis* ! Mais il ne jète pas vers le Ciel un sang qu'il a pris tant de plaisir à répandre.

Pendant l'élévation de Buonaparte, on l'eût pris pour un héros de tragédie; à sa chute, on n'a plus vu en lui qu'un personnage de mélodrame, auquel rien n'a manqué, pas même les larmes. Jusqu'à ce moment la sensibilité n'avait pas été le côté brillant de Napoléon; il l'avait très-mal jouée; sa fin seule nous l'a montré réellement sensible, mais uniquement à ce qui le touchait, et sensible jusqu'aux larmes.

On a vu cet homme, la *terreur de l'Europe*, verser des pleurs sur son orgueil humilié et sur sa mémoire menacée.

Ainsi celui qui, le soir d'une bataille des plus sanglantes, visitait d'un œil sec le champ du carnage, et disait froidement au milieu des cris de désespoir de ses victimes : *Voilà une grande consommation* ! Le même homme qui, revenant de Moscou, parcourait une route de trois cents lieues jalonnée de morts et de mourans, sans donner le moindre signe d'émotion, uniquement occupé du soin de sauver sa personne;

cet homme que les plus terribles catastrophes avaient vu insensible, trouve enfin un spectacle qui lui arrache des larmes, c'est celui de sa chute, de son humiliation, de sa déchéance !

C'est ainsi qu'il a justifié l'idée qu'avait de lui le célèbre général dans lequel il avait si lâchement poursuivi un rival, en essayant de le faire périr par le glaive des lois, comme un conspirateur, et qui a fini d'une manière si différente !

Comme on demandait au général Moreau, lors de son départ pour la campagne de Dresde, ce qu'il pensait de Buonaparte : *Ce qui caractérise cet homme*, répondit-il, *c'est le mensonge et l'amour de la vie. Je vais l'attaquer, je le battrai, et je le verrai à mes pieds me demander la vie.*

Quel spectacle ont offert à notre siècle ces deux hommes parvenus l'un et l'autre au faîte de la gloire militaire ! Combien leur destinée a été différente !

L'un, passant du camp sur le trône, ne peut souffrir la gloire importune de son rival. Il l'enveloppe dans une procédure criminelle et le traîne devant les tribunaux pour le perdre, ou pour le flétrir.

L'autre, passant du théâtre de sa gloire au banc des accusés, sort avec peine victorieux de cette lutte inégale, et si nouvelle pour lui. Toutefois il est contraint de s'exiler de sa patrie, de quitter l'Europe, et d'aller chercher un asile dans le Nouveau Monde. Il y vit dans la retraite et dans la simplicité de la vie privée, pendant que son rival, arbitre des nations, s'élève au plus haut degré de la puissance ; mais son élévation creuse son précipice, pour achever de l'abattre, Moreau est ramené du fond de l'Amérique. Il arrive ; il est opposé front à front à son ancien rival, dont il devient l'ennemi le plus redoutable, l'attaque et trouve au champ d'honneur une mort glorieuse, emportant au tombeau l'espoir de la délivrance de sa patrie, et la consolation d'y avoir contribué de son sang.

Napoléon s'efforce de lui ravir cette gloire : il insulte à une mort qu'il n'aura garde d'imiter. Vaincu à son tour, il demande la vie, selon la prédiction de son rival ; il l'obtient. Il survit au désespoir de sa chute, et au désespoir de voir la France délivrée, rendre à une Famille Auguste, qu'il avait si lâchement poursuivie, les hommages dont elle est digne. (1)

Moreau meurt, et sa gloire lui survit. Buonaparte veut vivre, et sa gloire périt avant lui. Il vit ; il est transporté à l'île *Ste.-Hélène* où l'ont relégué les Souverains de l'Europe, qui l'ont voulu livrer à des remords capables de hâter une mort qui consolerait le monde entier victime de ses fureurs.

---

(1) *Buonaparte a signé son abdication le jour que* MONSIEUR *est arrivé aux portes de Paris (à Livri). Il a abordé à Porto-Ferrajo le jour où* LOUIS XVIII *a fait son entrée dans sa Capitale.*

COMPTE RENDU

DES HORREURS DE LA RÉVOLUTION

Depuis 1787 *jusqu'en Juin* 1815.

Premier Mobile de la Révolution en France.

UN Déficit dans les Finances de cinquante-cinq millions. Louis XVI, en 1787, convoque les Notables et le Clergé, sans rien obtenir.

Le Parlement de Paris refusa d'enregistrer l'*impôt territorial* et celui du *timbre*. Insurrection pour le Parlement, à ce sujet : il périt.... 117 individus. — 1788. Affaires de Reveillon... 87 individus ont péri — 1789. Pour la noblesse, à Rennes..... 10.

Etats-Généraux constitués Assemblée Nationale composée de mille deux cent treize membres. Du premier mai 1789, au premier octobre 1791; salaire à 18 fr. par jour chacun.. 15,876 fr. Total 19,257,688 fr. sous son règne : Suppression des droits féodaux, de la dîme, des corvées, de la noblesse et des décorations. Biens du clergé, domaines nationaux, vente pr. 400 millions. Assignats, 900 millions. Individus qui ont péri dans diverses villes.... 3,740. Châteaux incendiés... 128. Conspirations......... 66. Insurrections........ 72. Lois rendues..... 2,557. Une Constitution monarchique à laquelle ils jurèrent fidélité, et à laquelle ils n'ont pas tenu. — ASSEMBLÉE LÉGISLATIVE de sept cent quarante-cinq membres. Du 1.er octobre 1791, au 20 septembre 1792, salaire à 18 fr. par jour chacun 6,228 fr. Total 4,363,060 f. Ils prêtent serment de fidélité au Roi et à la Constitution qu'ils ont transgressé. *Sous son règne* : journée du 10 Août; siége des Tuileries dirigé contre le Roi. Massacres à Paris, des 2, 3, 4 et 5 Septembre. — Captivité du Roi et de sa Famille. Renversement des Statues des Rois. Déclaration de guerre. Domaines nationaux vendus 225 millions. Créations d'Assignats.... 1650 millions. Individus qui ont péri,..... 18,044. Chateaux incendiés..... 622 Conspirations....... 44. Insurrections....... 28 —

Loïs rendues.. 1,227. Les deux tiers des membres passent à la Convention nationale. — CONVENTION NATIONALE de sept cent quarante-deux membres. Du 21 septembre 1792 au 28 octobre 1795, salaire à 36 fr. par jour chacun .... 40,752 fr. Total.... 30,525,248 fr. Cent trente-deux Proconsuls dans les Départemens.. 28,088,900 fr. Ils proclament la République et font le procès à Louis XVI le meilleur de tous les Rois. La Reine et Madame Elisabeth sœur de Louis XVI sont victimées. Le Dauphin meurt de misère au Temple. Marie-Thérèse-Charlotte, fille de Louis XVI, part pour l'Allemagne. Sous le règne de la Convention, les proscriptions, les guerres intestines, les fusillades, les mitraillades, les noyades, les échafauds, ont fait périr en France, savoir, hommes, femmes et enfans.... 299,916. Dans nos Colonies.... 188,400. Français morts aux armées .. 950,000. Dans la Vendée entre Français... 302,000. Individus suicidés, pendus, noyés, etc. par suite du système de terreur... 8,191. Femmes mortes de couches prématurées..... 3,402. — Morts par la Famine.... 32,090. — Morts de la peste dans les prisons............ 4,200. — Morts par les démolitions........ 70. — Devenus fous par la Révolution....... 2,550.. — Villes, villages, hameaux, métairies ou fermes détruits en France..... 27,000. — Français émigrés.. 733,799. — Insurrections.. 950. Conspirations.. 989. — Lois rendues, dont 89 pour la peine de mort..... 11,210. — Ventes de biens nationaux, du clergé et d'émigrés....... 2 milliards. — Assignats fabriqués... 6 milliards — Emprunt forcé sur les riches... 3 milliards. — Dépense pour la fabrication des assignats, du papier et impression 15,000,000 fr. Pour impressions faites à l'imprimerie nationale 15,000,000 f. Total.......... 12,029,000,000 fr.

Trois Constitutions Républicaines. — Banqueroute aux Assignats. — Rien de payé aux Créanciers des Émigrés. etc. etc. — Des membres de la Convention ont prêté avant de se séparer le serment de fidélité à la République, et de haine à la Royauté. Ils ont aussi décidé, pour leur sauve-garde, que les deux tiers des membres formeraient les deux nouveaux Conseils, celui des Anciens, et celui des Cinq-Cents. — Ces fameux prétendus *RÉPUBLICAINS DE LA CONVENTION* encombrèrent les anti-chambres de *BUONAPARTE* et envahirent la fortune publique.

Directoire Exécutif de Cinq Directeurs. Du 28 octobre 1795, au 10 novembre 1799, cinq Directeurs à 150,000 francs par an chacun, pour les quatre ans un mois... 3,062,500 fr. Plus ils ont demandé à être meublés, chauffés, éclairés; fournis en linges, chevaux et voitures, le tout évalué...... 300,000 fr. Un Secrétaire-général à 25,000 fr........ 102,083 fr. Cinq Secrétaires à 10,000 fr. chacun..... 204,166 fr. Total..... .. 6,368,749 fr. --- *Conseil des Anciens*, deux cent cinquante membres à 33 fr. par jour chacun .... 49,183 fr. Total......... 12,295,750 fr. *Conseil des Cinq-Cents*. Cinq cents membres à 28 fr. par jour chacun.... 41,720. Total... 20,860,000 fr.

Sous le règne du Directoire il a péri des Français, aux armées, en Italie, en Allemagne, en Suisse, dans la Vendée et en Égypte......... 947,802. --- Fusillés.. 3000. Décapités.. 60. Total.. 1,948,162. Conspirations...... 40. --- Insurrections....... 24. --- Directeurs déportés.. 2. --- Autres Déportés.. 283. --- Lois rendues.... 1921. --- Ventes de biens nationaux et d'émigrés...... 80 millions. --- Émission de mandats..... 3 milliards 400 millions. Fabrication des mandats, poinçons, papier et impression... 8 millions.

Les membres des deux Conseils et les Cinq Directeurs ont annuellement prêté le serment de fidélité à la Constitution, à la République, et de haine à la Royauté. --- On remarque que ce sont eux qui ont composé le Sénat, occupé les premières dignités, les Ministères, le Conseil d'État, les Préfectures, etc., sous *Buonaparte*; qui sont devenus Princes, Ducs, Comtes, Barons, Chevaliers, etc.; qui ont acquis des Palais, des Châteaux; qui se sont partagés un milliard. La plupart se sont assis au pied du trône de *Buonaparte* au Champ-de-Mai en 1815.

Consulat de Buonaparte. Du 30 décembre 1799, au 18 mai 1804. *Buonaparte*, *Premier Consul*, à 500,000 fr. par an, quatre ans cinq mois. 2,208 333 fr. --- *Cambacérès*, Second Consul, à 150,000 fr. par an.... 662,500 fr. --- *Lebrun*, Troisième Consul, à 150,000 fr par an..... 662,500 fr. --- *Maret*, Secrétaire-général, à 25,000 fr........ 112,000 fr. --- *Trois Secrétaires* à 10,000 fr. chacun par an. 132,498 fr. Trente Conseillers d'État à 20,000 chacun jusqu'en 1804. 90,000 fr..... 2,650,000 fr. --- *Sénat Conservateur*. Du 31 décembre 1799, au 31 mars 1814, treize ans trois mois, à 98 fr. 66 cent. par jour, quatre-vingt-sept Sénateurs à 36,000 fr. par an chacun, 1,468,900 fr.. 40,790,000 fr. *Dix Sénateurs*, de 1806, au 31 mars 1814, huit ans trois mois, chacun 297,000 fr.. 2970,000 f. *Neuf Sénateurs*, de 1807, au 31 mars 1814, sept ans trois mois, chacun 261,000 fr....... 2,349,000. --- Vingt-huit Sénateurs, de 1808, au 31 mars 1814, six ans trois mois, chacun 22,500 fr...... 6,300,000 fr. Un Trésorier du Sénat, à 100,000 fr. par an. Treize ans vingt jours.... 1.305,550. --- Vingt-neuf Sénatoreries, depuis le mois de mai 1804, au 31 mars 1814; neuf ans dix mois, à 75,000 fr. chacun par an, 737,500 fr... Total... 21,387,500 fr. Cent trente-quatre Sénateurs Commandans de la Légion d'Honneur, à 2,000 fr. chacun, pour neuf ans quatre mois, 18,666...... 2,501,329 fr. --- Six Ministres jusqu'en 1804, à 50,000 fr. par an chacun 216,666 fr....... 1,300,000. --- Le Sénat a coûté 77,903,379 fr. --- *Corps Législatif*. Du 13 décembre 1799, au 18 mai 1804, à 27 fr. par jour pendant quatre ans six mois. --- Trois cents Députés, à 54,000 fr. chacun.... 16,200,000 fr. --- *Tribunat*. Du 13 décembre 1799, au 18 août 1807, six ans six mois. --- Cent Tribuns, à 15,000 fr. par an chacun, 97,500 fr. ..... 9,750,000 fr. Total... 110,281,210 fr.

Lois rendues, Sénatus-Consultes, Décrets, du *Premier Consul*....... 2,951.

Buonaparte Empereur. Du 18 mai 1804, au 31 mars 1814.

Liste civile de Buonaparte, y compris les revenus des Domaines évalués à 42 millions, pour dix ans. 420 millions. --- A sa famille, composée de huit personnes, 120 millions. --- A Joséphine, du 10 mars 1810, au 31 mars 1814, quatre ans à 3 millions par an......... 12 millions. *Comme Premier Consul*, ci-contre..... 2,208,333 fr. --- *Son retour de l'île d'Elbe*, et les enlèvemens d'or et d'argent faits par ses frères détrônés, peuvent être évalués à 60 millions. Total....... 614,208,333 fr.

Un Archichancelier (*Cambacérès*), à 500,000 fr. par an, dix ans ....5 millions.

Un Architrésorier (*Lebrun*), à 500,000 francs par an, dix ans....... 5 millions.

Un Secrétaire d'Etat (*Maret*), à 300,000 francs par an, pour dix ans....... 3 millions.

Un Procureur-général (*Regnault-de-Saint-Jean-d'Angely*) à 150,000 fr. par an, pour quatorze ans, ... 2,100,000 fr.

Un Grand-Chancelier de la Légion d'Honneur, à 100,000 par an, pour dix ans........ un million.

Un Grand-Maître de l'Université, à 100,000 fr. par an, pour dix ans................ un million. --- Trente Conseillers d'État, à 25,000 fr. par an chacun, pour dix ans, 250,000 fr.......... 7,500,000 francs. --- Seize Conseillers d'État ayant des Directions, à 50,000 fr. par an chacun, pour dix ans. 491,666 fr. --- Quarante-six Conseillers d'État, Officiers de la Légion d'Honneur, à 10,000 fr. par an chacun, pour dix ans, ... 460,000 fr..... 8 millions. --- Neuf Maîtres des Requêtes, à 6,000 fr. par an chacun, pour dix ans... 540,000 fr. --- Deux cents Auditeurs, à 3,000 fr. chacun, pour dix ans..... 6 millions.

Corps Législatif, 500 membres. Du 18 mai 1804, au 31 mars 1814, neuf ans neuf mois, à 12,000 fr. par an chacun, 117,000 fr......... 58,500,000 fr. --- *Le Président du Corps Législatif*, à 100,000 fr, pour neuf ans neuf mois.......... 975,000 francs. --- *Huit Ministres*, à 300,000 fr. par an chacun, pour dix ans...... 24 millions. --- Six cents Commandans de la Légion d'Honneur, à 2,000 fr. par an chacun, pour dix ans..... 12 millions. --- Deux mille Officiers de la Légion d'Honneur, à 1,000 fr. chacun par an, pour dix ans.. 20 millions. --- Vingt mille Légionnaires, à 250 fr. par an chacun, pour dix ans... 5 millions.

Cent trente Préfets, à 25,000 fr. par an chacun, l'un dans l'autre, pour quatorze ans... 45,500,000 fr. --- *Cinq cents cinquante Sous-Préfets*, à 6,000 francs par an chacun, pour quatorze ans... 46,200,000 fr. --- Police secrète....... 28 millions. --- *Cadeaux de Buonaparte* à ses favoris....... 50 millions.

Pour le règne de 38 jours en 1815, des deux Chambres des pairs et des représentans........ 777,134 francs. Total....... 944,760,467 fr.

Lois, *Sénatus-Consultes*, Décrets et Arrêtés de Buonaparte..... 5,062, savoir, 55 Sénatus-Consultes pour la *Conscription*, qui a fourni à Buonaparte 9 millions de Français, dont 6 millions 500 mille ont été égorgés.

Depuis environ vingt-six ans les Français ont éprouvé tous les fléaux; guerres civiles, incendies, peste et famine, fléaux occasionnés par un déficit de 55 millions dans les finances; qu'il eût été facile de combler sans l'insouciance des premiers Ordres de l'Etat. Puissent nos malheurs servir de leçon à nos petits-neveux, aux Souverains, et guérir de toutes révolutions les peuples malheureux.

Dans notre Révolution, le nombre des législateurs, depuis l'Assemblée Constituante jusques et compris les Sénateurs, s'élevaient à quatre mille cinq cent. Les deux tiers de ces citoyens ont su se perpétuer dans ces diverses fonctions; on peut réduire le nombre à deux mille cinq cent, de ceux qui se sont partagé plus d'un milliard des revenus de l'État, et qui ont coopéré à la dilapidation de plus de sept milliards provenant de la vente des biens nationaux ou d'émigrés sans avoir rien payé à leurs créanciers. Ces Législateurs ont fait 25,428 Lois et huit Constitutions qui ont tourmenté ou ruiné un nombre immense de familles des plus honnêtes; ce qu'il y a de plus affligeant, c'est qu'ils ont été la cause de la perte de dix millions de Français, dont six millions cinq cent mille ont été dévorés par Buonaparte. L'histoire en demandera compte un jour aux cent trente-quatre Sénateurs, qui sont plus coupables que lui, en lui livrant, durant l'espace de quatorze années, six millons d'hommes environ, moyennant 87 millions 903,379 fr. qu'ils se sont distribués.

Voici ce que ces hommes de sang ne cessaient de dire à la tribune des Jacobins : « *Peuple, nous voulons votre bien* ». Hélas! leur infâme projet s'est exécuté; ils ont dépouillé la veuve et l'orphelin, et n'ont laissé que des ruines dans notre malheureuse patrie. LOUIS-LE-DÉSIRÉ a déjà cicatrisé en partie nos plaies. Si le Ciel désarmé par ses vertus, conserve les jours précieux de ce Prince, la France jouira dans peu d'années de son ancienne splendeur.

FIN.

A MARSEILLE,
De l'Imprimerie de CORENTIN CARNAUD, rue de la Darce, n.° 13.

www.ingramcontent.com/pod-product-compliance
Ingram Content Group UK Ltd.
Pitfield, Milton Keynes, MK11 3LW, UK
UKHW020436200726
13857UKWH00002B/441